RANG YOUER CHENGWEI
HUNLING HUODONG DE ZHUREN

让幼儿成为
混龄活动的主人

主 编
吴邵萍

副主编
张 琴

南京师范大学出版社

图书在版编目（CIP）数据

让幼儿成为混龄活动的主人 / 吴邵萍主编 . —南京：南京师范大学出版社，2023.11

ISBN 978-7-5651-5908-4

Ⅰ . ①让… Ⅱ . ①吴… Ⅲ . ①幼儿园－教学活动－教学研究 Ⅳ . ① G612

中国国家版本馆 CIP 数据核字（2023）第 224138 号

书　　名	让幼儿成为混龄活动的主人
主　　编	吴邵萍
责任编辑	官军燕
出版发行	南京师范大学出版社
地　　址	江苏省南京市玄武区后宰门西村 9 号（邮编：210016）
电　　话	（025）83598919（总编办）　83598412（营销部）　83373872（邮购部）
网　　址	http://press.njnu.edu.cn
电子信箱	nspzbb@njnu.edu.cn
照　　排	南京凯建文化发展有限公司
印　　刷	江苏扬中印刷有限公司
开　　本	787 毫米 ×960 毫米　1/16
印　　张	16
字　　数	232 千
版　　次	2023 年 11 月第 1 版
印　　次	2023 年 11 月第 1 次印刷
书　　号	ISBN 978-7-5651-5908-4
定　　价	50.00 元

出 版 人　张　鹏

南京师大版图书若有印装问题请与销售商调换
版权所有　侵犯必究

序

幼儿园混龄活动中落实儿童主体性的支持性策略[①]

我园自 2016 年起，在同龄编班的基础上，研究实施不同内容和形式的间断性的混龄活动中落实儿童主体性的支持策略，我们期望在混龄活动中打破"大带小""大的要让小的""小的要听大的"等惯性思维，最大化地凸显各个年龄阶段的幼儿，即每一位幼儿的主体性，让所有幼儿在活动中有自己的想法、能够向他人主动表达自己的想法，并在活动中实践自己的想法、掌握活动的主动权。我们围绕如何在混龄活动中落实不同年龄层次、不同发展水平、不同兴趣爱好和优势的幼儿的主体性，即是否关注到每一位幼儿主体性的发挥，关注到幼儿的需要、兴趣、动机、情感等非智力因素对主体性发展的影响等，展开实践研究。我们聚焦在混龄活动中落实儿童主体性的有效支持策略的研究，经过 8 年深入、系统的实践探索，总结出了在混龄活动中落实儿童主体性的几点策略。

一、坚守全程幼儿选择的权利，让幼儿成为混龄活动的主人

选择权对于幼儿主体性发展有着重要的影响。当幼儿有权利在不同的选择中进行决策时，他们就可以体验到自己的能力和权力，增强自我意识和自我决策的能力。这不仅能够增强他们的自信心和独立性，而且幼儿自我决策

[①] 江苏省教育科学规划"十四五"规划课题"幼儿园混龄活动中落实儿童主体性的实践研究"，此文发表在《学前教育》2023 年第 12 期。

的经验能够帮助幼儿拥有自我管理和解决问题的能力，同时也能够培养他们的责任感和自我约束力，从而更好地发展其主体性。为此，我们从混龄同伴的选择到活动后的自我反思和评价全程让幼儿做主，即：从和谁玩、玩什么，到怎么玩、玩得怎么样等均让每位幼儿感受到自己是有选择权和发言权的。同时，让每位幼儿体验到自己既有选择他人和拒绝他人的主动性，也有被他人拒绝的被动性。若要让同伴接纳和喜爱，愿意主动选择自己，或自己始终处于选择他人的位置，就需要不断地提升自己的综合能力。

在研究开始，我们就组织全体教师观察已有的小、中、大班定向混龄活动中幼儿的主体性需求是否都得到满足，是否需要改进，如何改进。

定向混龄就是由大班幼儿去找寻中班、小班幼儿，组成三位一体的三个年龄班的相对稳定的混合小组，强调活动过程中大班幼儿的主体性发挥。我们组织全体教师定点观察这样的组合是否有利于发挥每个年龄班每一位幼儿的主体性，尤其是小班幼儿的主体性需求是否能够得到满足。通过观察，我们发现每一位幼儿都期望发挥自己的主体性，但小班幼儿的主体性是通过行动的方式表达出来的。如，活动中，教师看到两位小班小朋友"出逃"到三楼平台上，他们坐在长凳上，两人之间也没有交流。教师问他们："为什么不和中班、大班哥哥姐姐一起玩？"他们回答说："他们（哥哥姐姐）总是管我们，不让我们选自己想玩的游戏玩。"教师问："你们现在自己想玩什么？"他们摇摇头。教师问："是不想玩，还是不会玩？"他们说："不会玩。"教师说："可否去和哥哥姐姐一起玩，或者让哥哥姐姐教你们怎么玩？"他们摇头，坚决表示不要。从这儿可以看出：与学会怎么玩相比，两位小班小朋友更坚定自己的选择，自己能够做决定是最重要的。我们将小班小朋友的问题告知大班小朋友时，问他们为什么会出现此现象，大班小朋友则很委屈地说："弟弟妹妹太调皮了，一会儿跑这儿，一会儿跑那儿，根本玩不起来游戏。太累了！为了他们，我们一直都没有玩游戏，一直在找他们，或者就是一直在教他们……"

我们组织教师反思：为什么会出现这种现象？教师分析可能是因为他们对大班幼儿提出：大班哥哥姐姐要带好弟弟妹妹，不能把弟弟妹妹搞丢了。所以很多大班哥哥姐姐为了不把弟弟妹妹搞丢，不仅始终在"说教""监督"，让弟弟妹妹感觉没有了自由和自主，还牺牲了自己的兴趣和游戏，他们在活动中以弟弟妹妹为先，以满足弟弟妹妹的需求为主，虽然提升了他们的责任感，但让他们感受到混龄活动中只有"累"，没有"乐"，甚至造成他们惧怕混龄活动。如，有个别家长反映在我园每周一的混龄活动前一天，孩子会在家和他们说："明天又要带弟弟妹妹玩了，太累了，不想去上幼儿园了。"

为此，我们组织教师研讨：如何让每一位幼儿都喜欢混龄活动？如何全程都让幼儿感受到自己是主人？如何让每一位幼儿的需求都得到满足，让他们体验到愉悦感和成长感？

我们做出改变：从介绍同伴开始，让双方自己选择，不要求固定混龄朋友，不要求大班幼儿去选择小班或中班幼儿，而是让每位幼儿都去选择。刚开始每位幼儿都既可以选择自己从前的同伴，也可以即时选择自己想要的各个年龄班的幼儿，但前提是要尊重他人，即双方都愿意选择对方。只要本次选择了同伴，就要坚持从头至尾在一起游戏，若不满意可以在下一次换朋友。同时，要给予对方反馈。如，大班幼儿要给予小、中班幼儿及时反馈："你很听话""你很会玩汽车游戏""你不能总是跑，离开时要告诉哥哥（姐姐），不然我一直要找你，我们就没有时间玩游戏了"；而小、中班幼儿也要告知哥哥姐姐自己的感受或诉求："我想玩汽车""我不会跑""你这样做，我不喜欢""我喜欢哥哥姐姐带着我玩"……

全程让幼儿选择，使大龄幼儿和小龄幼儿双向奔赴成为混龄活动中双向交往的常态。混龄的每一方都去不断改善自己的不足，成为同伴喜欢的人。如，小班幼儿经过几次与某位大班姐姐一起玩后，没有产生积极的体验，就毅然重新选择新伙伴，给大班姐姐造成了冲击，从而促使她主动反思和改变自己的行为。每位幼儿在享有主动权的同时，也体验到对方有拒绝的权利，从而建构起尊重对方、互相帮助等品质。

二、建立家人般的亲密情感，让幼儿自如地展现主体性

我们在实践研究中发现，当幼儿与混龄活动中的异龄同伴间不了解、不熟悉时，个体会感到紧张不安、缺乏安全感，不敢表达自己的想法和做法，只能被动服从、跟随等。特别是小班幼儿不愿意与陌生的中班、大班幼儿一起活动，不仅影响其对混龄活动参与的愿望，且影响其主体性的发挥，即无法充分展现自己的主体性。为此，我们创设充分的混龄活动，让混龄同伴常态化、持续地在一起，让幼儿与异龄同伴间彼此熟悉、了解、接纳、认同，促使混龄双方或多方之间形成一定的信任、依恋关系，让每一位幼儿都感受到自己在一个安全的、舒适的环境之中，每一位交往的异龄幼儿都似自己熟悉的"家人"，从而，在混龄活动中每个个体都能大胆自如地展现主体性，充分彰显主体性。同时，充分的混龄活动，也让教师与不同年龄班幼儿之间增加了熟识程度，从而利于教师给予不同班级不同个性和需求的幼儿个性化、适切性的支持和引导。

1. 多样的混龄组合

我们打破固化的一位小班幼儿、一位中班幼儿、一位大班幼儿固定地一起混龄活动的模式，而是开放地让幼儿自主决定异龄同伴数量，不仅可以选择一位、两位或多位异龄同伴一起活动，且可以自由选择是否和同龄同伴（甚至本班同伴）一起带着异龄幼儿一起玩等，至于是同龄几位、异龄几位、怎样组合等都由幼儿自主决定。如，大班幼儿可以选择一位小班幼儿、一位中班幼儿的混龄组合，也可以选择两位都是小班幼儿或两位都是中班幼儿的混龄组合，当然，也可以是两位（或多位）大班幼儿带领一位小班幼儿或一位中班幼儿的混龄组合。我们和幼儿明确：因为是混龄活动，所以无论是怎样的组合，至少要有一位不是自己同龄同伴的组合方可。正是因为赋予了幼儿自主选择的权利，幼儿才可以充分地依据自己的兴趣、需要、能力等选择

混龄组合的不同样态，利于混龄同伴间充分地交往、建立家人般的亲密关系。多样化混龄不仅创造了多元化的学习环境，为幼儿提供了更加丰富和多样的学习机会、体验和发展的可能性，且让幼儿置身于亲人般的情感氛围中，更利于幼儿主体性的彰显。

2. 扩展混龄环节

我们由开始的一个活动、一个环节的混龄发展至半日混龄，直至一日混龄，不仅扩展了混龄环节，且增加了混龄时长。如，我们将原有的每双周一次固定的全体幼儿的半日混龄活动时间延长为一天。每双周周一，全园幼儿从入园起就投入到混龄活动中。入园时就是哥哥姐姐去接弟弟妹妹，或者是弟弟妹妹到哥哥姐姐班级中来寻找，之后他们一起吃早点（混龄伙伴可以自由选择去自己班级还是去混龄伙伴的班级一起吃点心）、进行户外运动或玩区域游戏等，待午睡起床后，又在一起吃点心、进行户外锻炼和区域游戏（全园各班级活动室都可以进入）。

3. 增加混龄活动的频率

我们鼓励混龄结对班（我园要求每个班级都要和一个或两个异龄班级形成稳定的混龄结对班级）常态化开展混龄活动。各班不仅每周有一天进行两或三个年龄段的混龄活动，并且每天固定在散步、户外运动等环节一起活动，保证每天各班都有自己固定的混龄结对班级一起活动。这有利于他们从不熟悉到熟悉再到产生如家人般依恋的情感，主动相互接纳、包容，发现各自的优点从而自然地相互学习。

我们在实践研究中发现，虽然混龄活动中双方或多方有时都感受到有不高兴的时候，但在长期混龄一起游戏、运动、阅读后，混龄同伴间都产生了家人般的亲密情感。小、中班幼儿经常指着大班哥哥（姐姐）对爸爸妈妈自豪地说："那是我的哥哥（姐姐）。"而中、大班幼儿也与弟弟妹妹之间建立了情感，也能够包容弟弟妹妹了，甚至生病在家时，很担心自己的弟弟妹妹没有人带着一起玩怎么办。如，到了全园混龄活动日，悠悠恰巧生病了，无法来园，她非常着急，担心自己的小班弟弟妹妹没有人带。怎么办？她打电话给老师，不仅说出自己的担心，还和老师商量她可否来园带着弟弟妹妹玩过后，再回家休息。这说明，充分的持续性的混龄活动，已经促使幼儿间建立起了依恋感和责任感，为他们在混龄活动中主体性展现奠定了基础。

三、设计主题丰富的混龄活动，让每位幼儿都体验到主体性效能感

让幼儿体验到主体性效能感是推进其主体性发展的重要途径之一。主体性效能感是指个体对自己能够成功完成特定任务的信心和自我效能感。在幼儿的发展过程中，主体性效能感对于促进他们的主体性发展非常重要。由于每位幼儿都有自己的独特优势和特点，学习优势不同，主体性表现会有所不同。我们在混龄活动研究中发现：当活动主题契合幼儿的经验优势时，幼儿通常能在混龄活动中表现出积极、主动、创造等特性，且会更有信心去探索、学习新的技能和知识。主题丰富的混龄活动能够满足不同兴趣倾向、经验优势领域幼儿主体性发展的需要，让每一位幼儿都有机会在自己擅长的领域中体验到完成任务后的主体效能感，帮助幼儿建立积极的自我概念，增强幼儿的主体意识，促进他们的主体性发展。

我们设计组织实施了不同类型、专题、领域内容的混龄活动，以激发每一位幼儿混龄的动机，发挥不同幼儿在活动中的特长，从而调动自己的经验，成为活动中的发起者、组织者、学习者和教育者。我们认为混龄活动不等于大教小（或大带小），更倡导在自然环境中幼儿间相互学习、能者为师的学习文化。"不同年龄的幼儿在各自的发展水平上与同龄或异龄同伴交换知识和技能，每个幼儿的认知'天平'在同伴教与学的影响下失衡又平衡，正如皮亚杰强调的，认知能力就在这个同化和顺化的过程中得到发展。其中，每个幼儿都会不断经历用所会教别人和所不会被别人教的过程。"[1]

---

[1] 武建芬. 心理理论与混龄教育 [M]. 杭州：浙江大学出版社，2017：97.

1. 依据各领域的特点，开展了不同主题的混龄活动

我们围绕健康、语言、社会、科学、艺术五个领域展开系列的混龄活动，并就每个主题能否满足全体幼儿学习需要，全体幼儿是否能够参与进来、是否能够支持幼儿全面的发展等展开讨论。如，响响（大班）、悠悠（中班）和瓜瓜（小班）三位幼儿是一个自主选择的混龄组合，他们三位表现的优势领域是不一样的。在第一次"我喜欢的图画书"主题活动时，响响非常沉默，几乎都是被动地听悠悠的。悠悠虽然是中班的，但是由于她喜欢看书且能够将自己带来的书中内容绘声绘色地讲出来（本次活动时每个人带一本自己喜欢的书来共读），所以小班的瓜瓜就一直紧跟着她，让她一遍一遍地讲述给自己听，而且瓜瓜还不时地问"这是什么""为什么"等，悠悠都能愉快地回答瓜瓜的问题。而响响全程都站在旁边看着、听着悠悠和瓜瓜的互动，不发一言。但在科学活动"找虫去"中，响响则始终作为主导者，在活动的前一天他就准备了捉虫工具，在活动开始时，他对悠悠和瓜瓜说："你们跟我走，我知道哪里虫子最多。"说完，就拉着他们俩的手，向幼儿园前操场的小山坡走去。到了目的地，响响告诉悠悠和瓜瓜："不要直接用手抓虫，有的虫子有尖尖的刺，会戳破手，有的虫子有毒，会让人受伤。"听着他像一个专家一样地叮嘱弟弟妹妹，一旁的教师忍不住问他："响响像一个科学家一样，知道虫子的事情真多，你怎么会这么厉害的？"响响自豪地说："我爸爸是研究虫子的，我和爸爸经常去捉虫，爸爸告诉我的！"说完，他继续带着弟弟妹妹捉虫，不出意外的，活动结束时，他们这一组捉的虫最多，三个人都非常高兴，悠悠和瓜瓜崇拜地看着响响说："响响哥哥最厉害！"而在音乐活动"我们是一棵树"中，瓜瓜就像一只快乐的小鸟一样一直不停歇地拉着哥哥姐姐的手做着不同的造型动作，响响和悠悠只能依着他，随着他一起做不同造型的"树"。这说明可以自由变化的"树"满足了瓜瓜喜欢音乐、喜欢无拘无束自由造型的兴趣和需要，让他成了本次活动的主导者。由此可见，多元化和丰富的领域混龄活动，满足了不同年龄段、不同兴趣特长的幼儿发挥主体性的需要，我们看到在不同领域混龄活动中同一位幼儿的积极性、主动性、领导力、自信力等是不一样的，正因为混龄活动主题覆盖了全领域，才让不同领域优势的幼儿都能自信地、积极地主动参与，充分展示不同幼儿的创造性、特色性，且满足了每位幼儿主体性发展的需求，帮助幼儿获得了不同的经验和技能。

2. 依据幼儿的不同兴趣倾向，开展了不同游戏主题的混龄活动

我们围绕角色游戏、建构游戏等开展了不同主题的混龄活动，满足了小班、中班、大班等不同兴趣爱好幼儿的游戏需求，每一位幼儿都能在不同的混龄活动中找到与自己匹配的内容，最大化地发挥自己的主体性，不仅全程积极地参与活动之中，还能全程发表自己的建议，使自己成为活动的主人。如，我们依据幼儿喜欢汽车的特点，开展了"汽车"主题的系列混龄活动。在第一次活动的反思研讨中，我们发现由于没有让小班弟弟妹妹带汽车，不利于他们主体性的发挥，虽然有些小班幼儿对汽车既很有兴趣，也有经验，但是因为不是他们自己熟悉了解的汽车类型，所以在与哥哥姐姐活动时缺少主动参与或被哥哥姐姐接纳的机会。于是，第二次活动我们就改变策略，让小班弟弟妹妹带自己最熟悉最了解最会玩的汽车和哥哥姐姐一起玩。这一举措，让小班幼儿主体性得到了极大的发挥，在活动中，我们观察到很多中大班幼儿围绕在小班幼儿周围看他们玩的花样，听他们介绍，且他们还会主动与小班幼儿商量借玩或与他们一起探索新玩法。本次活动后，大家都意犹未尽。我们又开展了第三次活动，每位幼儿不仅带来了自己的汽车，而且主动交换着玩，相互探索他人汽车与自己汽车的不同功能和新玩法。连续三次关于"汽车"主题的混龄活动，不仅让幼儿持续不断积累和反思自己玩车的体验，丰富幼儿关于汽车的经验，而且帮助幼儿深入、系统地建构了与不同年龄段同伴共同玩的经验和策略。如，小班的磊磊家里汽车非常多，对各类汽车都能娓娓道来，也会多种多样的玩法，因此，在"玩车"活动中，他基本处于主导地位，会主动提出各种汽车的玩法，而中大班的哥哥姐姐也自然地听从他的建议，玩在一起，并没有因为他小而不听从他的建议。所以，在集体反思时，大班的球球说："我发现小班弟弟妹妹也很能干，我们也要向他们学习。"

正因为混龄内容的丰富性，关照了全体幼儿的兴趣，满足了不同兴趣、不同优势幼儿主体性发展的需求，让每个年龄段的每位幼儿都能在混龄活动中找到适合于自己展示的活动，从而在活动中处于主体地位，可以决定活动发展的方向和进程；让每位幼儿都体验到只要你是积极参与者、你有想法、你是能者都可以成为活动的主导者，且自己的建议和想法都能得到他人的接纳和认可；体验到人人可以是领导者，处于中心地位，人人也可以是被领导者。

四、追引幼儿的发展，让每位幼儿主体性持续增长

主体性发展是一个持续的过程，它需要在遇到问题并解决问题的过程中不断发展和提升。幼儿主体性是在个体不断地主动解决问题的过程中获得自信、自尊和自我效能从而不断增强和持续发展的。当然，幼儿在解决问题的过程中是需要成人持续引导和提供有效支撑的，这种引导和支撑单单"追随"幼儿的发展是不够的。我们不光要知道幼儿发展到了哪一步，而且要能意识到幼儿的下一步发展应当是怎样的，对其加以引导，以提升指导的有效性，保证幼儿的经验持续、深入、全面发展。为此，"尽管幼儿学习的途径是多样化的，日常生活、游戏中的自发学习也是重要的学习，也能帮助幼儿积累经验，促进发展。但由于集体教学的目的性、计划性更强，因此更容易发挥教学'走在发展前面，引导发展'的功能。"[①] 正因为集体教学对幼儿学习和发展的引领性强，所以我们除了在混龄活动过程中适时地给予个性化、针对性的指导和帮助，以确保每个幼儿都能够获得适当的支持和指导，还采用两个环节来进行集体指导。

---

① 李季湄，冯晓霞.《3—6岁儿童学习与发展指南》解读［M］.北京：人民教育出版社，2013：265.

1. 前引导

前引导指教师依据幼儿的年龄特点、发展阶段及实践中的经验，对幼儿在各类、各主题内容的混龄活动可能出现的问题和困惑，提前进行引导。教师在每次全园性混龄活动前，一是用情景表演的方式，将幼儿混龄活动中有可能出现的问题直接用表演来展示解决问题的方式方法；二是用开放式问题的方式，组织全体幼儿讨论说出解决问题的方法，让幼儿带着策略和方法去活动，在活动中遇到类似问题时，可以直接模仿情景表演中的对话、行为等来解决问题；三是用组织集体看视频的方式让幼儿自己获取活动中需要的知识，如，"春天"主题中，让幼儿去找小芽，通过观察各种小芽初步知道小芽是什么样的，让幼儿知道哪些地方可能有，让幼儿有依据地去进行寻找、探索，从而提升活动的方向性和有效性，让幼儿能够共同聚焦目标，通过集体寻找、讨论来获取经验和成长。

2. 后追随

后追随指每次活动后，教师必须组织幼儿集体反思讨论，一是将个别幼儿在混龄活动中获得的关于人、事物、现象等诸多的零散经验及时分享并给予提升，转化为全体幼儿的有效经验；二是将幼儿遇到的问题、困难和纠纷等及时给予解决。问题和矛盾伴随在每一次活动之中，因此，我们会在每次活动后，让幼儿先自我反思并用前书写的方式记录下来，然后再组织幼儿集体反思：我这次和弟弟妹妹（哥哥姐姐）一起玩快乐吗？什么事情让我快乐，什么事情让我不快乐？我遇到了什么问题或我有什么困难？这些问题可以怎么解决？……有些问题经过一次讨论就解决了，而更多的问题即使经过讨论，幼儿获得了方法和策略在运用后并没有效果，就需要教师持续关注并进行连续讨论，制定出解决问题的新方法，直至幼儿解决问题。

在每一次混龄活动后，教师不仅让幼儿分享自己在混龄活动中的有效策略或就遇到的问题展开集体讨论，而且也将自己看到的幼儿间发生的冲突或有效策略等进行分享，大家共同学习有效策略和经验，一起商量如何解决冲突和问题。同时，教师用前书写的方式将幼儿解决问题的有效经验和策略进行记录，布置在班级环境中，既帮助全体幼儿学习、积累他人的经验和方法，也帮助幼儿及时阻断混龄活动中负面的经验、行为、语言，起到纠正和引导的作用，不断提升幼儿正确、积极有效的交往经验和语言、行为方式。

通过实践研究，我们不仅厘清了教师指导与幼儿主体之间的关系，明晰了混龄活动中落实幼儿主体性的教师支持性策略与方法，还保证了幼儿拥有自主决策和行动的力量与权利，真正让每位幼儿成为混龄活动的主体，更加积极地去主动交往和参与混龄游戏、学习和活动，让每位幼儿体验到愉悦感、效能感和成长感。

目录

序

第一部分　全园混龄活动

有主题的混龄活动　　　　　　　　　　　　　　　　　003
 找虫去　　　　　　　　　　　　　　　　　　　005
  1. 找到小蚂蚁啦　　　　　　　　　　　　　005
  2. 我们的找虫工具　　　　　　　　　　　　010
  3. 我差一点儿就捉到虫了　　　　　　　　　013
 玩车啦　　　　　　　　　　　　　　　　　　　017
  1. 臭姐姐　　　　　　　　　　　　　　　　017
  2. 我不借　　　　　　　　　　　　　　　　020
  3. 你能和我一起玩吗　　　　　　　　　　　023
  4. 我不要哥哥　　　　　　　　　　　　　　027
  5. "抠门"欧宝不"抠"了　　　　　　　　　031
  6. 转变　　　　　　　　　　　　　　　　　038
  7. 有事要说　　　　　　　　　　　　　　　045
 玩玩具　　　　　　　　　　　　　　　　　　　049
  1. 没有玩具给我玩，我不给你玩　　　　　　049

2. 这是我弟弟的玩具　　055
　　3. 怎么就玩到一起了　　060

其他　　063
　　1. 做好准备讲故事　　063
　　2. 姐姐再说一遍故事　　066
　　3. 送给妈妈的三八妇女节礼物　　069
　　4. 我和弟弟妹妹都要有礼物　　073

体育运动中的混龄活动　　077
　　1. 不言而喻的默契　　079
　　2. 跟着姐姐就开心　　082
　　3. "闭上你的乌鸦嘴"　　085
　　4. 别怕　　088
　　5. 你想玩什么　　091
　　6. 我家的弟弟像天使　　095
　　7. 谁来告诉我孩子到底该怎么带　　099

创造性游戏中的混龄活动　　103
角色游戏　　105
　　1. 公交车"投诉"事件　　106
　　2. 和姐姐一起过家家　　111
　　3. 我已经很照顾她啦　　115
　　4. 超市收银员　　120

结构游戏　　123
　　1. 和哥哥一起搭建　　124
　　2. 小屋历险记　　128

第二部分　班级混龄活动

大手牵小手，陪伴一整天　　　　　　　　　　　　　　135
　　1. 晨间入园："小帽子"行动　　　　　　　　　　　137
　　2. 做操啦　　　　　　　　　　　　　　　　　　　158
　　3. 水很好喝哦　　　　　　　　　　　　　　　　　162
　　4. 我们一起吃午饭　　　　　　　　　　　　　　　165
　　5. 甜甜的午睡　暖暖的守护　　　　　　　　　　　168
　　6. 累死我了　　　　　　　　　　　　　　　　　　172

户外混龄活动　　　　　　　　　　　　　　　　　　175
　　1. 学会分享　　　　　　　　　　　　　　　　　　178
　　2. 我是哥哥，肯定要保护妹妹呀！　　　　　　　　182
　　3. 我带弟弟吧　　　　　　　　　　　　　　　　　185
　　4. 户外混龄游戏材料处处有　　　　　　　　　　　189
　　5. 我被卡住啦　　　　　　　　　　　　　　　　　193
　　6. 我的姐姐真厉害　　　　　　　　　　　　　　　196

混龄活动中的交往策略　　　　　　　　　　　　　　199
　　1. 老师的情境演示　　　　　　　　　　　　　　　201
　　2. 我用树叶找弟弟　　　　　　　　　　　　　　　210
　　3. 我表演给你看　　　　　　　　　　　　　　　　214
　　4. 男孩子就应该"凶"一点吗　　　　　　　　　　218
　　5. 把爱大胆说出来　　　　　　　　　　　　　　　221
　　6. 大带小的传递　　　　　　　　　　　　　　　　227
　　7. 大姐姐冬冬　　　　　　　　　　　　　　　　　233

附　3—6岁幼儿混龄活动观察表　　　　　　　　　　237

第一部分

全园混龄活动

有主题的混龄活动

▽ 找虫去
▽ 玩车啦
▽ 玩玩具
▽ 其他

找虫去

1. 找到小蚂蚁啦

案例背景

新学期,全园混龄活动又开始了。中四班幼儿上学期固定结对的大班幼儿已经毕业了,于是,教师改变了以往给幼儿固定搭档的做法,鼓励幼儿在全园混龄活动时自己选择大班哥哥姐姐,自由结对。这不仅给幼儿提供了更多结伴机会,也给幼儿交往带来了一些新的挑战。

本次混龄活动主题是"找虫去",中大班幼儿要自备找虫的工具。中四班本学期的班本课程是"虫虫总动员",幼儿已经有找虫、捉虫的经验,对工具也较为熟悉。伊伊对捉虫很有兴趣,精心选择了铲子、镊子和罐子等适宜的工具带来幼儿园,期待能和同伴一起找到虫虫。

幼儿信息

大三班幼儿：夯夯，男，2016年10月出生

中四班幼儿：伊伊，男，2017年11月出生

观察实录

● 我有工具，我们一起吧！

活动开始前，座位按照小班在前排、中班在中间、大班在后排的顺序依次分成三横排，紧靠在一起。中四班则单独以三排方阵坐在了小三班、中三班、大三班的旁边。

开始结伴了，其他就近坐的三个小中大班的小朋友们很自然地找到同伴，两人结对、三人一组手拉手四散离开找虫去了。而中四班还有些幼儿仍然坐在凳子上看着，感到有些茫然无助，我有些急了，赶紧鼓励并催促他们："你们快找个朋友去找虫啊！"

伊伊环视四周，锁定了不远处的一个二人组合，是大三班夯夯带着一个中三班弟弟。伊伊随即跟上去，两人并未发现他。

伊伊看看站在一旁的我，抿抿嘴唇："嗯……嗯……"

我对伊伊还是了解的，一眼就看出他可能有点不好意思，于是鼓励他："这个哥哥只带了一个弟弟，赶紧问问哥哥愿不愿意和你一起。"夯夯可能听见我们的声音了，他回过头来，我趁机轻轻把伊伊往前推了一小步。

"我也有工具，我们一起去抓虫子吧！"伊伊举起手上的袋子说。

"好呀！"夯夯看了看伊伊丰富的工具，再看着自己和弟弟都只有一个小夹子，欣然答应了。他一手牵着伊伊，一手牵着中三班弟弟，三人向着后操

场走去。

● 找到虫啦

我来到三楼楼顶，过了十几分钟，伊伊他们也上来了，可是，原本三个小伙伴，现在只剩两人。我问夯夯："中三班的弟弟呢？"

夯夯说："他跑啦！我们在国旗那边找虫子呢，一抬头他就不见了。"

"那你们再去找找他吧。"接着我又对伊伊说："你要跟好哥哥哦！"

伊伊点点头："我跟哥哥一直在找虫子。可是哪儿都找不到，方老师你知道哪里有吗？"

夯夯指着地上的人工草坪说："这儿都是假草，都没有真草，肯定没有虫子！"

我肯定了夯夯的说法："对的，哥哥真有经验！"我指着角落的花盆说："刚刚有小朋友去那个小花盆找的，要不你们也去看看？"

夯夯立即回应道："那里肯定有土，有土肯定有虫！"

说完，他俩就跑过去挖土，过了一会儿伊伊又跑到我面前摊摊手说："还是没有。"

夯夯指着楼下说："好多人在小树林，我们也去那儿试试吧！"伊伊赶紧跟着哥哥跑走了。

又过了几分钟，他俩再次回到三楼。我问："还是没有找到吗？"

伊伊嘿嘿一笑，得意地举着夹子说："你看我夹子上有只小蚂蚁，终于找到小蚂蚁啦！"

夯夯在一旁补充道："挖了好久才挖到的！"

旁边的小朋友都凑上来看，伊伊和夯夯都笑着说："我们再去找找！"

● 特别会捉虫

活动结束后回班交流。

中四班老师问:"今天你们和谁玩的呀?"伊伊主动举手说:"我今天跟大三班夯夯哥哥一起玩的。"老师又问:"你们找到虫了吗?怎么找的呀?"伊伊说:"哥哥带着我在幼儿园到处找,我们找了很多地方,后来在小树林挖到了!"

大三班也集中进行了交流。夯夯把手举得高高的,被老师请到之后,"腾"得一下站起来,迫不及待地说:"我今天带了一个中三班的弟弟,还有一个中四班的弟弟。中三班弟弟走丢了,我就一直带着中四班的,因为中四班弟弟特别会捉虫,不仅有很多方法,还有很多工具。"此话一出,大三班幼儿纷纷表示"下一次活动也要找中四班的弟弟妹妹"。

教师解读

本次活动中,中四班幼儿因自己之前结伴的大班哥哥姐姐毕业面临重新随机结伴的挑战,又因座位相对远离哥哥姐姐和弟弟妹妹,无形中增加了找朋友的难度,他们不知道找谁,也不知道怎么找。从伊伊找朋友的过程中能看到中四班的幼儿起初茫然无措,但在教师的鼓励下,环视一周,锁定不远处的"目标",这一策略大大增加了结伴成功的概率。教师的语言鼓励对幼儿有很大作用,伊伊受到鼓励后"主动出击",适时用"我有工具"来赢得哥哥的"青睐"。同时,捉虫工具也给了他自信,他迈出了挑战性的一步,掌握了交新朋友的有效策略。因此,在全园混龄活动中,教师的鼓励、幼儿自备的丰富材料,甚至座位的巧妙安排,都有助于幼儿的交往。

在找虫的时候,大班的哥哥由于生活经验更加丰富,他扮演着"向导"的角色,带着弟弟在国旗边、花盆里、小树林等可能有虫的地方不停地寻找,主动介绍哪里有虫子的知识经验。可见,捉虫活动满足了这类对虫子有兴趣、有经验的幼儿，让他们在大带小的活动中能够很好地发挥引领和指导的作用，使他们获得弟弟妹妹高度的认同感，从而有成就感。可见，混龄活动不仅需要大带小解决问题，更是给幼儿交流展现的机会。

捉虫活动对中班的伊伊非常有吸引力，这一方面源于他自身的兴趣，另一方面也受到了班级课程的影响，使其具备相关的知识经验。伊伊作为一个中班较大年龄的幼儿，和大班哥哥的配合度很高，他们一个提供经验、一个提供方法，中班幼儿已有的经验基础优势也促进了大班幼儿主动性的发挥，两人的有效互动，最终促成混龄交往。

教师也发现，在"找虫"活动时幼儿特别容易走失，因为幼儿专注于寻找虫子、刨土，不停更换场地。这对幼儿既是挑战也是机遇，这也促使他们反思讨论"换场地怎么告诉伙伴""同伴走失了怎么寻找"。这一点值得教师在后续的活动中和幼儿一同交流反思，促进幼儿在混龄活动中全程交往。

案例提供者：方庆爽

2. 我们的找虫工具

案例背景

9月的第二次全园混龄活动，中四班幼儿自前一次的大操场找虫之后，都很期待这次在幼儿园里找虫，准备了各种各样的找虫工具，兴趣高涨。

本班的蛋糕小朋友和OK弟弟自大带小活动以来一直都是固定同伴，两人是本园老师家的孩子，平时除了在幼儿园活动在一起，放学后也会经常一起游戏，彼此相处的时间比较多，是非常熟悉的小伙伴。据了解，蛋糕早就想带着OK一起找虫，知道小班幼儿不带工具，他就给OK准备了很多的找虫工具。他俩还要继续和上次混龄活动结伴的尧尧一起找虫，而尧尧却对虫子比较畏惧。

幼儿信息

中四班幼儿：蛋糕，男，2017年10月出生
小三班幼儿：OK，男，2019年5月出生
大三班幼儿：尧尧，女，2017年1月出生

观察实录

混龄活动开始后，蛋糕立刻先去找 OK，拉住 OK 的手再去找姐姐尧尧，三人就开始了找虫。

大操场上，蛋糕拉着 OK 的手，在草地里翻来覆去找虫子，找了一会儿，一无所获，他们商量着"要不要去楼顶种植园找找虫子"，尧尧也跟随着。

来到种植园，OK 看到小朋友们都在种植盆里面挖土找虫子，也加入其中，可是手上没有挖土的工具怎么办呢？他看着蛋糕说："蛋糕哥哥，你能把网子借我用一下吗？"

"当然可以啊，你拿去吧。"蛋糕把网子递给了他。

OK 拿着网子开始在种植盆里使劲刨，不一会儿工夫，就在种植盆里刨出了一个大坑。此时蛋糕似乎想到了什么，对 OK 说："OK，你能把网子还给我一下吗？我要用它来挖土。"

OK 当时就拒绝了蛋糕："不行，我还没有玩好呢！"说完，OK 就换了一个种植盆继续用网子挖土。蛋糕追着 OK，坚持想要回网子："这是我的，你要还给我。"

尧尧守在一旁默默地看着两个人争夺网子。

蛋糕看 OK 一直拿着网子不肯撒手，只好在自己带的捉虫工具里寻找其他的，找到一个透明的圆形夹子，开始用它挖土。可是，没一会儿蛋糕还是想拿回网子，又去找到 OK："OK、OK，你看我这个夹子能夹好多的土，而且还不会掉呢！你要不要换这个？" OK 看到新的工具，立刻将手里的网子和蛋糕做了交换。

两人获得新工具之后，又立刻投入到了挖土找虫的活动中。

教师解读

本周是第二次全园混龄活动，蛋糕、OK、尧尧三人是稳定的同伴关系，蛋糕和 OK 的情感牢固度是优于和尧尧的，因为蛋糕和 OK 之前已经比较熟悉，所以蛋糕对 OK 的重视程度比尧尧要多一些，与 OK 的交流也更多。

蛋糕和 OK 两人稳定的关系、一定的熟悉度、原有的情感基础，使得两人之间的交往相对主动，交流起来更顺畅，彼此也更敢于提出自己的需求，甚至直接提出拒绝的想法。蛋糕作为哥哥，能够很大方地给 OK 使用自己特意为其准备的工具，当他自己也需要时，多次向 OK 索求却遭到拒绝，但他始终没有硬取，而是巧妙地利用新工具进行交换。

按照常规，一般都是大班幼儿带着中班和小班幼儿玩，而这次并没有常规意义上的大班幼儿带着，反倒是中班幼儿带着小班幼儿玩。可能捉虫活动更适合两个男孩子。第二次与他们结伴的姐姐尧尧，似乎对虫子没有兴趣，性格相对比较温和的她，在活动中和两个弟弟并没有太多语言上的交流，反倒成了追随者，不仅接受结伴、参与弟弟们找虫的活动，全程也一直没有离开两人，始终在旁边照看着两位弟弟，能看出尧尧在大带小活动中有很强的责任心。

案例提供者：许宇翔

3. 我差一点儿就捉到虫了

案例背景

全园混龄捉虫活动开始了。在第一次活动开始前,我们和幼儿一起讨论了大带小捉虫的准备。活动当天,中大班幼儿根据自己的经验带来了各式各样的捉虫工具。

安妮和悠悠是已经结对一年多的混龄同伴,彼此比较熟悉。

幼儿信息

大三班幼儿:悠悠,女,2016年10月出生

中三班幼儿:安妮,女,2018年3月出生

观察实录

● 第一次捉虫

活动一开始,安妮就拿着自己带来的捉虫工具找到了悠悠,两人一起商量要去哪里捉虫。

安妮说:"我觉得我们可以去操场上捉虫。"

悠悠说:"操场上没有虫子,我们可以去草丛里,那里的虫子比较多。"

安妮听从了悠悠的意见,于是两人一起往草丛边走去。

"这里有虫子吗?"安妮站在草丛边问道。

悠悠回答:"有,我们仔细在草丛里找找,说不定能发现呢!"

安妮俯下身,仔细地寻找,用自己的网兜扒一扒草丛,找了一会儿,没有什么发现。

悠悠似乎也没有什么收获,她对安妮说:"我知道哪里有虫子,跟我来。"

安妮跟着悠悠来到了树林中,这边有很多小朋友正在地上、树上找虫,于是她们也加入了进去。不一会儿,安妮发现一只虫子,赶紧呼叫:"悠悠,我找到了一只虫子,你快来。"她抬起手臂,朝悠悠挥挥手,然后举起自己的网兜,一下子扑过去。不料网兜的缝隙太大,小小的虫子竟从缝隙里跑掉了。

悠悠赶来时,安妮焦急地大喊:"哎呀,虫子跑掉了!"

一旁的小朋友说:"是你把虫子吓跑的。"

安妮说:"我不知道呀!它跑得很快。"

悠悠站在一旁叹了口气,但还是把手搭在安妮头上:"没关系的,妹妹,我们再去找虫子,肯定还会有的。"

安妮冲着悠悠笑着说:"对,一定还会有虫子的。"两姐妹的捉虫游戏继续着……

回到班级,安妮很兴奋地和我分享今天的感受。

"蒋老师,我今天差一点就捉到一只虫子了,真的!"

"哇,你是怎么发现虫子的呢?"

"它就在树底下,是我发现的。然后我就想用网子捉,但是没捉住。"

"为什么你看到虫子了,却没有捉住它呢?"我追问道。

"是不是它跑得太快了?"安妮猜测道。

"嗯,这好像是一个原因,你觉得还有什么原因呢?"

"不知道。"

"你有没有观察到那只虫子是从哪里逃跑的呢?"

"好像是从网下面。"安妮若有所思地回答道。

"啊,我知道了,那个网子(的洞)有点大,虫子很小,所以让虫子跑掉了。"安妮像是发现了一个天大的秘密,大声地说。

"那你想一想,怎样才能捉到虫子呢?"

"我可以拿一个盒子,见到有虫子我就用盒子把它盖住,这样它就跑不掉了!"

"这真是个好办法!大大的洞洞确实会容易让小小的虫子跑掉。你下次可以试试哦!"

● 第二次捉虫结束后

安妮兴冲冲地从外面回来,我问道:"这次你捉到虫子了吗?"

"还是没有。"安妮气喘吁吁地回答我。

"这次你带的是什么工具呢?"

"我带的是这个小网。"安妮举起她的新工具给我看。和上次比较,这次的网小了很多,并且网上有一个细细的把手,看起来更加容易握在手里去捕捉虫子。

"这次的工具用起来怎么样呢?"

"这个使用起来很方便,我们可以跑来跑去,虽然我们去了很多地方找,但是我们没有发现虫子……"安妮看着我,饶有兴致地向我介绍。

教师解读

安妮是一名性格既有些要强又有些脆弱的小朋友,平常与同伴相处时容易担心自己犯错。面对虫子跑掉,安妮表现得有些慌张无助,把没捉到虫的原因归结到"虫子跑得快"上。得知情况的悠悠虽然也有些失落，但更多地表现出对妹妹的包容。她很快接受了事实，并调节好自己的情绪，通过语言以及动作不断安慰安妮。在这个过程中，悠悠给安妮树立了榜样，也让教师关注到了大班幼儿的社会性发展水平。

  捉虫的过程是漫长并富有挑战的。第一次捉虫时，安妮的经验不足，在悠悠的指引下，她们不断变换着捉虫地点，从操场到草丛再到树林，最终在悠悠的帮助下，安妮发现了虫子，虽然"差了一点儿"，但第一次的经历也使她享受到了捉虫过程带来的激动与快乐。两次捉虫的体验，也让安妮对捉虫工具和捉虫技能有了更深一步的认识和了解，她的捉虫经验和兴趣也在悠悠的陪伴和共同参与中不断增长和提高。

案例提供者：蒋艳

> 玩车啦

1. 臭姐姐

案例背景

小三班的小朋友和中三班的哥哥姐姐自由结对，小三班的淘淘和中三班的瑶瑶结伴成功，从那以后，两个人便成了固定的玩伴。每一次混龄活动中，总能看见满场跑的瑶瑶和原地哭的淘淘，在老师的引导下，淘淘虽然在活动中能跟着瑶瑶，但脸上写满了"不乐意"。经过一学期的磨合，进入中班以后的淘淘在和瑶瑶的相处中有了自己的想法。

幼儿信息

大三班幼儿：瑶瑶，女，2017年4月出生
中三班幼儿：淘淘，男，2018年8月出生

观察实录

今天的混龄活动主题是"玩车啦"。

"老师,这个弟弟不愿意跟我牵手。"瑶瑶指着淘淘来找我"告状",明显是知道我是淘淘班级的老师!

"淘淘,姐姐想带你一起玩。"我蹲下身子,暗示淘淘。

"不要!"淘淘大声拒绝,"我不要和她玩!"

"跟我走!"瑶瑶不服气,上前拉住淘淘的手。

"就不要!"淘淘甩开瑶瑶的手,背过身嘀咕道:"臭姐姐!"

我对着瑶瑶耸耸肩,说道:"你问问弟弟,为什么不跟你玩。"

"弟弟,你为什么不跟我玩啊?"

"哼!"淘淘噘起嘴巴,气呼呼地说:"你又不带我玩,总是乱跑!"

"是你乱跑的,我找不到你!"瑶瑶不承认。

"是你跑!"

"是你跑!"

两个人吵了起来。

"既然如此,从这次开始,你俩都不跑了,看看谁能做个好姐姐和好弟弟",我提议道,阻止两个人继续吵下去。

"不要,我要和淼淼(淘淘同班小朋友)玩,才不和你玩!"淘淘背过身去,就是不接受瑶瑶的邀请。

"弟弟,我这次真的不跑了,我带你去看我们班带来的超厉害的汽车!"瑶瑶再次发出邀请。

淘淘迟疑了一会儿,没有立刻答应,抬头看了看我。

"是呀,那个汽车超厉害的,快和你的好姐姐去看看吧!"我帮着瑶瑶应和道。

"好吧!"淘淘点点头,接受了邀请。

"可是你不要再乱跑了,你要是再跑我就不和你玩了!"出发前,淘淘又再一次和瑶瑶约定。

"知道啦,知道啦!"瑶瑶笑嘻嘻地答应。

教师解读

在混龄活动中,不同年龄段幼儿之间建立了友谊,友谊的基础是相互陪伴、共同游戏。小班的幼儿对他人十分依赖,较容易与他人建立情感。在与瑶瑶结对后,由于瑶瑶的"不管不顾",游戏中淘淘常常被"忽略"。在教师的鼓励下,淘淘看似和瑶瑶一起,但内心始终没有完全接纳瑶瑶,只是无奈地跟随游戏。进入中班后,淘淘决定不再做瑶瑶的"小尾巴",优先选择和其他同伴一起玩,以获得较好的游戏体验。一直顾着自己玩的瑶瑶突然发现淘淘有了新伙伴,试图挽回淘淘时,却遭到了严肃而坚定的拒绝。正是因为淘淘的反抗,让瑶瑶的内心有了触动,开始反思自己。

亲密的情感关系需要同伴间的相互奔赴,在一番"吐槽"后,瑶瑶意识到陪伴的重要性,想要担负起姐姐的责任,成为一个好姐姐,这种内心自发的感受,比教师一次又一次的引导更为深刻。

案例提供者:吴小丹

2. 我不借

案例背景

本学期第二次以"玩车啦"为主题的混龄游戏开始前,教师表演了一段情景剧,引导幼儿如何与同伴分享玩具,共同游戏。姝辰、仁杰和一迪三位小朋友各自带着自己精心挑选的玩具自由组合在一起。

在日常生活中,姝辰性格比较腼腆,不善于表达。仁杰性格活泼开朗,对于自己的物品也很愿意分享给朋友。

幼儿信息

大三班幼儿:姝辰,男,2016年12月出生

中三班幼儿:仁杰,男,2017年9月出生

中三班幼儿:一迪,女,2017年10月出生

观察实录

游戏一开始时,仁杰和一迪两个小朋友来到大礼堂,趴在地板上,捣鼓着一迪带来的玩具吉普车,有说有笑。而大班哥哥姝辰则担当起了"慈父"

的角色，坐在离他们不到 3 米处，默默地看着他们，时不时还会看向被仁杰遗忘的滑板车。我看出了姝辰的心思，决定给他做个示范。

我走到仁杰身边说："这辆滑板车借给我玩一会儿，好吗？"

"好！你玩吧。"仁杰很果断地答应了。

我骑着滑板车在他们周围绕起了圈，姝辰的眼睛一刻都没有离开过这辆滑板车。终于在滑板车第三次经过他面前的时候，姝辰鼓足了勇气对我说："借给我玩一会儿，好吗？"

看到姝辰主动迈出了第一步，我十分欣喜，向他解释道："这辆滑板车是仁杰带来的，如果你想玩可以主动和他商量哦。"

在我的陪伴下，姝辰来到仁杰身边，轻声问："弟弟，滑板车可不可以借给我玩一会儿呀？"

"我不借！"仁杰果断拒绝。

我鼓励姝辰再大胆地与仁杰商量一下，但他表现得有些沮丧，坐回到了原来的位置。

我很好奇为什么仁杰面对借滑板车这件事会有不同的回答，于是询问："仁杰，为什么你不愿意把滑板车借给哥哥玩呢？"

仁杰回答："为了公平，你先问我借滑板车的，我想让你多玩一会儿。"

原来仁杰不同意把滑板车借给姝辰是为了"公平"呀，于是我又骑了一圈把车还给了仁杰："谢谢你把滑板车借给我玩，滑板车真有意思。哥哥好像也很想试一试，我玩好了，你要不要借给哥哥玩一会儿？"

仁杰推着自己的滑板车走到姝辰旁边，大方地说："哥哥，借给你玩一会吧。"

教师解读

我们一般认为,在混龄活动中,大班幼儿的交往能力会强于中班幼儿,发生交往困难的总会是中班幼儿。但在此案例中,我们发现,即使是大班哥哥,他在与中班弟弟的相处中也会遇到阻碍,从碍于表达、不主动发起沟通到鼓足勇气表达却被拒绝后的沮丧,这一系列的行为都说明了大班哥哥在交往上也需要成人支持。而中班弟弟在与大班哥哥交往时,并不是简单地模仿教师表演的情景剧的语言和行为,而是会有自己独立的判断。教师也要允许幼儿能表达自己不一样的想法,而不只是一味地同意,应理解幼儿的拒绝是有自己的理由的。

中班弟弟对"公平"的认识是:我借给你玩,就不能借给别人玩了,说明他对"公平"的认识是简单的。教师的指导并没有止步于此,而是引导他知道当我们把玩具借给一个人玩后,可以等这个人玩过以后再借给别人。

各个年龄段的幼儿在混龄活动中都可能遇到各种困难,因此成人的支持是必不可少的。教师可以通过语言,或是通过情景剧表演等方式引导,也可以根据现场发生的事情给予针对性帮助。

案例提供者:徐琦

3. 你能和我一起玩吗

案例背景

清清是一个性格比较内向的孩子，平时在班级话不多，也较少主动交朋友。在去年的混龄活动中，她曾有一位相处了一年且熟悉的大班姐姐，但是在新学期，大班姐姐毕业了，老师又鼓励升入中班的小朋友主动结交新朋友。清清在全园混龄活动"大家一起玩小车"中就面临着寻找新伙伴的难题。

幼儿信息

中四班幼儿：清清，女，2018年5月出生

中四班幼儿：小橙子，男，2018年2月出生

大三班幼儿：玥儿，女，2016年10月出生

大三班幼儿：甜甜，女，2017年6月出生

观察实录

这是第一次混龄玩车。清清带来一辆小小的玩具车，她站在操场中间四处张望，没有和任何小朋友一起游戏。我在一旁观察了一会儿，看到清清见

到有小朋友经过时，她有移动脚步的动作，却始终没有与别人产生交集，于是便上前了解情况。

我问道："清清，怎么一个人站在这儿呀？"

清清攥着手中的小汽车说："找不到哥哥姐姐。"

我关切地问："之前你和哪个哥哥和姐姐玩的呀？"

清清低着头，轻声说："姐姐毕业了。"

我意识到清清应该是想到已经毕业的姐姐了，我轻轻地拍拍她的肩膀，说道："没关系，我们再去找一个姐姐，好吗？"清清点点头，牵住我，我们开始四处寻找"目标"。

我们看到了玥儿，她正和同班的一个女孩子手牵手往我们这个方向跑来，于是我便鼓励清清："这两个姐姐没带妹妹，你去问问她们。"

清清慢悠悠走到她们面前问："姐姐，你们能和我一起玩吗？"

我听到清清的声音很惊讶，这比她平时说话的声音大多了，而且特别清晰。可没想到，玥儿凑近她的小伙伴，用我们能听见的声音在小伙伴耳边低语："我们再带个妹妹，能带得了吗？带不了吧！"然后不等我们反应，她飞快地拉着同伴跑了。

不好！清清是被当面拒绝了，我心里想着，非常担心清清会因此而情绪低落，但她并没有特别的反应，只是看看我。我赶紧安慰她："可能有弟弟妹妹在后操场等她们，来不及带我们，我们再找找吧？"清清点点头，牵着我的手转了个方向。

一转身，又看见甜甜在"太空舱"下抱着柱子一个人站着，我拍了拍清清的肩膀，用鼓励的眼神示意她上前，她收到"信号"，走到甜甜面前说："姐姐，你能和我一起玩吗？"甜甜看着我们，没说话。

我又鼓励清清："你介绍一下你的名字，让姐姐认识你。"

清清用大大的眼睛盯着姐姐说："姐姐，你好，我是中四班的清清。"

甜甜终于说话了，语气有点"冲"："我有弟弟了。"

我问甜甜:"你的弟弟呢?你怎么一个人在这儿?"

甜甜看起来似乎很生气,指着"太空舱"说:"在上面。喊他不理,发火了!"

此时我们三人"僵持"在树下,正好小橙子笑眯眯地走过来说:"方老师,我没找到朋友。"眼看着甜甜态度冷淡,清清已被拒绝,于是我想促成小橙子和清清一起玩。

我问清清:"你愿意和小橙子一起玩吗?"

清清点点头,主动问:"小橙子,你能和我一起玩吗?"小橙子笑眯眯地牵住清清的手说:"好呀!"

然后,两个人找了一个空地方,一起坐下来玩小汽车了。

教师解读

在本学期混龄活动中,教师鼓励幼儿自由结对,在没有固定玩伴的情况下,有的幼儿会出现找不到哥哥姐姐、弟弟妹妹或同龄伙伴的情况。从活动过程中可以看出,清清有交往的策略,知道要当面询问姐姐,而且她"主动出击",态度很积极,但还缺少一些交往的勇气。当幼儿主动结交出现困难的时候,就需要教师去"推"一把。教师此时的陪伴、眼神的支持、语言的鼓励,能给予幼儿足够的心理安全感。即使清清被接连拒绝,她依然能够不气馁,继续寻找合适的游戏伙伴,这一份勇气和坚持是清清在混龄活动中最宝贵的收获。

对于中班幼儿来说,和大班哥哥姐姐的交往难于和中班同龄幼儿交往。大班幼儿可能有固定的弟弟妹妹,因而没有精力多带一个弟弟或妹妹;或者出于情感的考量,大班幼儿对于自己现有的弟弟妹妹情感比较深,所以也不愿意带新的弟弟妹妹。因此，出现了清清两次试图结交大班姐姐但都"碰壁"的情况。直到最后，教师也没有执着于帮助清清寻找大班同伴，而是及时抓住同班幼儿的交往信号，促成他们之间的同龄交往。在班级中互动不多的两人，能在大活动中一起游戏，也是他们社交方面的一次进步。

案例提供者：方庆爽

4. 我不要哥哥

案例背景

睿睿平日和同班幼儿可以很好地游戏，也有很多的玩法去玩小车。但是他不擅长带小班弟弟一起玩，遇到矛盾时不知道怎么处理，缺少和小班弟弟交往的策略。

韬韬在大带小活动中不愿意和哥哥姐姐一起玩，究其原因：他在家附近小公园玩的时候，被小学生哥哥欺负过，对他造成了负面影响，使他对于和比自己年龄大的幼儿交往产生了心理上的不安，不愿意与大龄同伴一起玩。

幼儿信息

大二班幼儿：睿睿，男，2016年11月出生
小二班幼儿：韬韬，男，2018年11月出生

观察实录

幼儿园的第二次混龄活动中来了各种各样的车，孩子们玩得不亦乐乎。一片欢声笑语中，我听到一个声音："老师，这个弟弟老是不听我话！"

睿睿牵着韬韬边说边向我走来。

还没到我面前，韬韬就挣脱睿睿的手，往旁边大步走开。"你看，这个弟弟不听我话，总是到处乱跑。"睿睿指着弟弟，既生气又无奈。

我抱住韬韬问他："你怎么没有和哥哥一起玩车呢？"

他耷拉着脑袋说："我不要哥哥，我想自己去玩。"

"你看其他小朋友和哥哥姐姐们玩车可开心了，你为什么不想和哥哥一起玩呢？"

"哥哥一直带我玩一辆车，我都不想玩了。"他皱着眉头，转身指着睿睿手上拿的一辆玩具小车。

"原来是这样，你们是怎么玩这辆小车的呢？可以和我说说吗？"我把睿睿也拉到身边。

睿睿看着小车说道："我这个小车是辆坦克，我和弟弟在操场上是这样玩的。"睿睿一边说一边演示，把车放在地上滑了起来。

韬韬在一旁又嚷嚷着要走，睿睿手足无措地看着韬韬。我拉住他们两人的手说道："你们知道吗？坦克可厉害了，它在战场上的作用可大啦！你们看看，它的车轮和其他车的一样吗？"

"我知道，它的轮子是滚着粗带子走的。"韬韬一下子来了兴趣，拿着坦克向我介绍。

"没错，韬韬观察得很仔细，这个粗带子叫作履带，它可以帮助坦克在不平坦的陆地上前进，还可以操控坦克的行驶方向。你们可以拿着坦克去小山坡上试试，看看和在操场上玩的感觉是不是一样。"

睿睿开始有了兴趣，他拿着坦克对韬韬说："我们去吧。"

韬韬站在原地拉着我："我想和你一起玩。"说完他搂着我的脖子，想坐到我的怀里来，眼睛却始终盯着睿睿手上的坦克。

看到韬韬看坦克的眼神，我知道还有戏，便对韬韬说："我陪你一起过去，我们和哥哥一起试一试坦克怎么才能在山坡上行走，来一场山坡大冒险，好不好？"

韬韬听我这么说，点点头，从我身上下来，和睿睿对视一笑。

"去小山坡上玩坦克。"韬韬拉着我和睿睿一起向小山坡跑去。到了小山坡，韬韬就松开了我的手，和睿睿一起探究坦克能否在山坡上稳定滑行。他们找了一处较为平整的地方，坦克稳稳地滑了过去。

韬韬提出建议："我们去竹林，那里有树枝还有叶子，坦克还能不能开过去呢？"睿睿听了也很激动，拿着坦克就和弟弟一起朝竹林里面跑去。由于坡面有泥土，再加上覆盖了很多树枝落叶，坦克的滑行也变得有些困难。睿睿将坦克的履带缓缓压过那些"障碍物"，伴随着"咯吱咯吱"的声音，坦克来到了他们约定好的终点。

韬韬一脸兴奋地看着睿睿，睿睿也开心地看着弟弟。即使过程中有困难，有障碍，这对哥俩也没有放弃。那个一开始不要哥哥的小男孩，也变成了哥哥的"小尾巴"。

教师解读

在混龄活动中，幼儿之间发生矛盾冲突时，教师的介入指导具有很大的作用。教师以游戏者的身份介入，围绕游戏中的问题与幼儿对话，从幼儿角度出发，关注幼儿的需求，这样可以在一定程度上调动幼儿的思维，推动游戏往更丰富的角度发展。教师通过师幼、幼幼间的对话了解幼儿的想法，捕捉矛盾的源头，看到幼儿在游戏中需要支持的地方。

教师也需要关注幼儿与材料的互动，当现有的材料不能满足幼儿游戏需要时，要帮助幼儿调整和改善材料，或者丰富材料的玩法。韬韬因为游戏材料、玩法单一，产生抵抗情绪，不愿与哥哥继续玩车。此时教师应该引导幼儿讨论怎样可以将简单的材料玩出不同的玩法，从而继续吸引幼儿游戏的兴趣。当幼儿没有想法时，教师应当给出材料的新玩法，抛出新的刺激点，重新吸引幼儿的注意，因此教师自身对游戏材料、玩法的多种经验也很重要。

睿睿平时在交往中积极主动，对材料的玩法也很精通，与同班或同年龄的幼儿交往顺畅，但是与韬韬交往时却出现了矛盾，他缺乏与不同年龄段幼儿交往的策略。幼儿在游戏中能锻炼社会性的发展，教师要引导幼儿更多地与弟弟妹妹互动、交流、协商，真正做到了解弟弟妹妹的需求。在活动结束后，教师可以组织幼儿集体交流讨论如何更好地与弟弟妹妹交往，巩固和拓展幼儿的交往经验。在集体讨论中也可以请幼儿描述事情的经过，引导其他幼儿共同思考，找出解决问题的多种方法。教师应聚焦幼儿的创造性思维，发现游戏主题、材料使用、交往策略的创新，帮助幼儿反思、梳理和丰富在混龄活动中的交往策略。

案例提供者：徐星航

5. "抠门"欧宝不"抠"了

案例背景

欧宝是六月份出生的小年龄孩子,从小班开始,就表现出极强的依恋情绪,对家人的依恋,对物品的依恋。虽然他现在步入中班,但依恋情绪依旧存在,家里的任何物品他都很抗拒往幼儿园带,哪怕是外婆早上给他装跳跳球的袋子,他都要在幼儿园门口把袋子给外婆带回家,拿着跳跳球进幼儿园。为此,他的身上经常发生一件件让人啼笑皆非的事。

幼儿信息

中一班幼儿:欧宝,男,2018年6月出生

观察实录

● 我不想带,会玩坏的

今天第一次大带小玩车,一大早班级门前的柜子上摆满了琳琅满目的玩具车:有带货箱的大货车,有遥控挖掘机,还有两只手才抱得过来的消防车。

我一转头看到欧宝手上拿着一辆很小很小的玩具汽车,这鲜明的对比一下子吸引了我的注意。

"欧宝,这是你带的车子吗?"

"是的。"欧宝点了点头。

"你怎么没带家里其他的玩具车来?"我知道欧宝最喜欢汽车,以前去家访时就被他家"停车场"的大场面震撼到了。当我看到欧宝的小小汽车,再联想到他家里那么多更大更好玩的车时,便摸了摸欧宝的头,想逗逗他。

"嗯……不想带。"欧宝低着头玩汽车,有些不好意思地说道。

"为什么呢?你家里不是摆满了汽车吗?我一眼都看不过来。"看到欧宝回避的眼神,我猜到他的"抠门"属性又显现了。

"好吧,那你快去和小朋友玩吧。"欧宝平时连一个塑料袋都"舍不得"带来幼儿园,我想着先不跟他多说,看看等会儿遇到麻烦时他会怎么解决。果然,过了一会儿,我远远地看到欧宝一个人蹲在地上,走过去发现他很"无聊",不知道该玩什么。

"欧宝,你怎么不玩呢?可以在地上开起来啊。"我看旁边的小朋友都三两结伴,扎堆玩得不亦乐乎。欧宝就拿着巴掌大的汽车,蹲在地上用手抠着塑胶场地。

"不能滑,一滑就……嗯……就找不到了。"欧宝这支支吾吾的回答逗得我哭笑不得,他坚持把车"掌控"在自己手里。

"怎么会找不到呢?这玩具车不就是用来玩的吗?"我被他逗笑了。

"小车会坏的,坏了,就没有了,这是我的车,并且只有一辆。"欧宝说话都变得结巴起来,看得出来,他极力地在为自己"辩解"。

"可是你不滑,也不找别人玩,在这里不是很无聊吗?"

"嗯……"欧宝并没有回答我,但从他的表情中我能看出来他是有些失落的,内心还是想和别的小朋友一起玩车的。尤其对于他这种"爱车人士",别人的车在他的眼里还是很有吸引力的。

"欧宝，今天玩得怎么样？"游戏结束后，我问欧宝今天的感受。

"就玩了一会儿，就没玩了。"一开始我没懂这句话的意思，细问后才理解，欧宝表达的意思是后来他的好朋友好好来找他，他们玩了一会儿发现不好玩，大家又各玩各的。

"原来是这样，那究竟是什么原因呢？"欧宝低着头，抠了下手指头，并没有说话。

"因为玩具没有吸引到别人。"这时候有有站起来说出了自己的想法。

"对，我也觉得是这样，没有吸引到他们，他们好像都不想跟我玩。"欧宝也点了点头，表示同意这样的看法。

"那下次可以怎么调整呢？"我问欧宝。

"那我下次带一个大一点的玩具车来。"欧宝用手比画了一下。

● 下次还是换一辆车吧

又到了周一，期待了很久的大带小玩小车活动又要开始啦。这次欧宝带了一辆稍微大一点的车来。

"欧宝，这是你的车吗？"我看到一辆前后左右、里里外外贴满了姓名贴的玩具警车。"是的，这是我带来的车。"他回答道。

"这车……比上次的要大一点了。"这次欧宝带来的车，在我看来也算是"下血本"了。上次的车好像还没他的手掌大，这次的车比我的手掌都要大一圈。

游戏时，欧宝和好好依旧结伴在一起，这次总算是和别人一起玩了，身边的好朋友来来去去，多的时候也有四五个人挤在一起玩。但是欧宝还是没有完全加入他们的游戏，以平行游戏居多，最主要的是人家交换了玩具，他的玩具警车一直在手里没和别人交换过。于是，游戏结束后我又问他玩得怎么样。

"今天玩得还行吧，好好和我玩警察的游戏的。"欧宝点着头跟我说。

"那下次我们还带这辆车来好不好？"

"嗯……带车可以，但是这辆车也不好玩啊。"欧宝这样回答我。我理解的"不好玩"有两层意思：一层意思是其实他还是有点舍不得带这辆车，但上次确实太无聊，而且自己也和老师说好了，他硬着头皮也得带一辆大一点的车来；另一层意思是确实今天没玩尽兴，总的游戏体验感还是比较差的。

"你们的车都带着了吗？有没有人的车找不到？今天有的人的车丢了是哥哥姐姐帮忙送回来的哦。"放学前整理书包时，冯老师问孩子们物品是否都收拾妥当了。

"老师，我的车没丢，我的车都已经放包里了。"欧宝跑到冯老师面前自豪地说。

"嗯，对你我是最放心的，你的车不可能丢的！"冯老师也和他打趣道。

第二天，欧宝在门口犹犹豫豫，不太想进来。我远远地看到外婆蹲着跟他说话，仿佛两人还有点拉扯。

"邵老师，我跟你讲，他'抠'得哦，我们都没办法，我也不知道怎么这么'抠'的，我们家也没人像他这样哎！不肯上学，怕老师让他再带汽车来。"欧宝晨检时，欧宝外婆操着一口南京话无奈地和我说。

"没事，小孩嘛，自我意识强一些，都喜欢自己的玩具。当他发现需要用分享玩具来交往的时候，就会慢慢做出改变了。"我安慰欧宝外婆。

"好，那你们多费心，帮他改正一下。"外婆拍了拍我的手臂。

"没事的，他上次玩的时候已经有进步了，他发现带了有趣的玩具车，会有更多的人跟他玩，回去我们也可以再引导他。"

"好的，我们再跟他说一说。"外婆笑着说。

● 我要带我最喜欢的车来玩

又到了隔周一次的全园混龄活动时间，依旧是大带小玩车，这次欧宝早上一来就给了我一个"大惊喜"！

"这是谁的车?"看到欧宝和有有两个人在整理书包,我发现他们面前有一辆超级大的越野山地车。

"这是我带来的!"欧宝特别自豪地说。

"哇,这是你带的呀?这车好酷哦!欧宝你真棒,现在愿意把喜欢的车跟我们分享了,是吗?"看着欧宝第一次这么"隆重"地带玩具来,我欣喜地表扬了他。

"今天这辆车肯定会吸引很多小朋友来跟你玩。"我摸了摸欧宝的头。

"嗯!"欧宝也十分肯定地给我回应。

"这是我的车,虽然遥控器坏掉了,但是它还是可以这样推着跑。"游戏中,欧宝向好好,还有小一班的弟弟介绍自己的玩具车。

"对,它还可以跳,这样爬坡。"

"我的这辆车可以这样转弯,它的手臂也是可以动的。"

"我们交换吧,你可以玩我这个。"

"好啊,我想玩你这辆车。"

果然,欧宝今天和很多小朋友一起玩得十分欢乐,时而在操场上,时而在草地上。欧宝脸上的笑容一刻也没消失过。

"今天怎么有这么多人和你玩,还有小班的弟弟来跟你交换玩具。"游戏结束后,我"明知故问"地逗欧宝。

"因为今天我的车吸引他们,这辆车多好玩,他们肯定愿意来玩!"欧宝得意洋洋地说道。

"那你今天开心吗?下次还带不带这辆车来了?"

"开心。"

"我下次带我家的那个宝马车来,那是我最喜欢的车。"

"好的,期待你下次收获更多的好朋友!"

教师解读

欧宝对于家里的玩具以及自己物品的"所有权"意识很强烈，非常想要保护自己的玩具，生怕丢失。这导致从小班一直到中班初期，他几乎没有与别人分享玩具的愿望。小班时期，都是中班或大班的哥哥姐姐来带他们玩，加上他又是班上小年龄段的孩子，所以受到了更多的关照。进入中班后，幼儿有了更强烈的交往意识，在全园混龄活动中，欧宝第一次带的汽车很小很小，又不愿与人分享，导致他那一次的游戏体验感很差。那一次"失败"的经历，让他感觉很难过，因为他在弟弟妹妹面前有点"丢脸"，看着别人都带弟弟妹妹了，他孤零零的一个人很无趣，也没有获得当哥哥的满足感。

在教师"一对一"的交流和全班讨论下，欧宝在第二次玩车的活动中带来了他以前不可能愿意带的汽车。但是，他依旧不愿"放手"，导致他虽然加入了"圈子"，却还是没有真正玩起来。欧宝对于分享玩具这件事，内心还是有些抵触。真正造成他转变的是一次次混龄活动中的大环境。每次混龄活动前，教师不停地"提醒"，鼓励他做一个大方的孩子，只有大方与别人分享，才能交到更多的朋友，弟弟妹妹才喜欢和他一起玩。在此过程中，教师与家长的旁敲侧击与讨论分析很重要。教师在观察中的适时介入，在游戏后与日常生活中的"添油加醋"，都是欧宝自我调整的"催化剂"。最终，在外部力与内驱力的双重作用下，欧宝带了一辆超大的玩具车，瞬间吸引了许多幼儿的关注。

曾经欧宝连带来幼儿园的一个小塑料袋都哭着要带回家，现在为了能吸引弟弟妹妹的注意，为了他们愿意来和自己玩，他突破了自己，尝试改变了自己。同时，欧宝在接受别人的意见做出改变后，也收获到了以前没有的快乐，从一个人孤零零地玩耍、一个游戏中的旁观者，到现在能与他人一起玩，能持续地对话、交换想法、互动交流。他通过自己带的玩具的吸引力，瞬间被弟弟妹妹所仰慕，这对他的触动很大，使他获得了很高的成就感，因此真正地产生愿意分享的内驱力。此次欧宝的转变不仅让他自己获得了自信，更让欧宝的家人获得了惊喜。

我们发现，全园性的混龄活动，对于幼儿交往意识的发展有积极的促进作用。尤其是对于班级小年龄的孩子，他们从小班时候被关注、被呵护，到当了哥哥姐姐后，好不容易有了长大的自豪感，却又因为自身的问题，没有得到弟弟妹妹的仰慕，这种落差使得幼儿开始反思和调整，最终在一次次的改变中获得进步。

案例提供者：邵英聚

6. 转变

案例背景

本学期，我们小三班的孩子有了三次玩车的经历，一次是在班级内和同伴玩车，两次是全园混龄活动中和哥哥姐姐一起玩车。

幼儿信息

小三班幼儿：二宝，男，2019年4月出生
小三班幼儿：霖霖，女，2019年8月出生
小三班幼儿：佳佳，女，2018年12月出生
大三班幼儿：夯夯，男，2016年10月出生
大三班幼儿：小七，女，2017年8月出生

观察实录

班级日常活动玩车

9月开学初，为了缓解小班幼儿的入园焦虑情绪，考虑到假期家访过程中，班上所有孩子都对小车很感兴趣，我们鼓励孩子们从家中带一辆小车放

在班级科学区，大家可以分享玩具，共同游戏。孩子们带来了小汽车、警车、消防车，还有可以变形的车……

一个孩子笑眯眯地拿着自己带来的车跟同伴分享："这是我的车！它是一辆消防车。"

二宝看中了一辆警车，伸出手就拿起来玩，把小车从地上开到桌上又开回停车场。刚吃完点心的霖霖往语言区走，一眼看到了二宝手里的车正是自己从家里带来的警车，小跑着一把抢回了自己心爱的车，把车抱在怀里，身子扭向一边，对着二宝说："这是我的车！"

二宝愣在原地看着霖霖，又要伸手去拿车。霖霖往后退了几步，眼眶里都是眼泪："这是我的车！"

二宝继续伸手拿，霖霖忍不住了，尖叫了一声，眼泪夺眶而出。

听到霖霖的哭声，我上前询问："怎么了？"二宝指着车："我想玩这辆车。"

霖霖紧紧地抱着警车，也不说话，看着我。我抱住霖霖，轻声问："这是谁的车啊？"

"这是我的车！"霖霖边哭边说。

"这是霖霖的警车啊，真漂亮！大家都很喜欢你的警车哦！"我夸奖道。

霖霖低头看着自己的车："对啊，这是我爸爸买给我的，这个门还可以打开。"霖霖边说边演示给我看。

"哇！好棒啊！你这个警车的门还可以动呢！那你愿意把警车分享给班上其他的小朋友玩吗？"

二宝也在旁边专心地听着，说着又要上前摸，霖霖立刻把车抱在怀里，转身走开，警惕地看着二宝。

二宝看了看其他的车，又换了一辆继续玩了。

教师解读

刚入园的小班幼儿，仍存在入园焦虑情绪，虽然他们把玩具车带到班级中，乐于跟他人介绍自己的车，也对他人带来的各种各样的车很感兴趣，但个人意识强烈，不愿意与其他同伴分享。当二宝拿了霖霖的车，霖霖变得焦虑和抗拒，不想让别人碰自己的车。后期，教师在班级中集体分享了这件事情，幼儿知道了带到班级中的车就是小三班的，是分享给大家一起玩的，每辆车都很有趣，他们的抗拒情绪逐渐淡化，愿意跟别人分享车了。

观察实录

全园混龄活动玩车

幼儿园组织混龄大带小玩车。大班幼儿有选择地从家中带来了大家都能玩、可交换、各场地都能玩的小车。教师播放视频，通过情境表演，集中引导幼儿学习基本的交往方法。

"小朋友们，如果你想跟别人交换小车，应该怎么说呢？"

"我可以跟你交换着玩吗？"

"交换玩的时候要注意什么呢？"

"小心地玩，不能把别人的玩具弄坏！"

霖霖边看边学："我们可以交换吗？"

这次活动是夯夯带着霖霖共同玩车。夯夯是个年龄较大的大班哥哥，很聪明，在班级中很有自己的想法，并且能说会道，但略微缺乏耐心。霖霖是8月份出生的孩子，刚入园还未适应，在班级中语言表达能力强，但大带小过程中始终要跟老师挨在一起，面对大班哥哥有些胆怯。

夯夯牵住霖霖的手，弯着腰问："妹妹，你愿意跟我先去拿一下我的滑板车吗？"霖霖不说话，径直往自己班的方向走。夯夯又问了一遍，看霖霖仍没有回应自己，嘴上念叨着："哎呀，她怎么不理我啊？"但他还是紧紧牵着霖霖，陪她回班级拿小车。

霖霖拿到自己的小车在地上滚来滚去。夯夯这时着急了，蹲在霖霖面前："妹妹，我还没有车呢！你能不能陪我去拿一下？"

可是，霖霖始终待在老师的身边不愿离开，夯夯着急地直跺脚，声音不免大了一些，说着还要直接拉住霖霖就走。霖霖被吓得哭了起来，夯夯也被她的哭声吓住，赶忙跑到老师身边："老师，你快跟她说一下啊！我还没有车呢，她也不愿意去拿，我想拿滑板车啊！滑板车！"

老师把霖霖抱在怀里，轻声地问："霖霖，怎么啦？"霖霖在老师怀里啜泣，不说话。

老师又问："霖霖，哥哥刚才是不是陪你去拿你的车啦？"霖霖点了点头。

"哥哥有没有车啊？"霖霖抬头看了一眼夯夯的手，摇了摇头。

"对呀，哥哥是想让你陪他去拿车，老师知道你想在这里玩，没关系的，老师在这等你，你陪哥哥拿了车，就可以继续玩了，好吗？"霖霖擦了擦眼泪，这才愿意牵着夯夯的手去拿滑板车。

夯夯骑着滑板车一个漂移停在我面前。"夯夯，你的滑板车真酷啊！可以借我玩一下吗？"夯夯帅气地把滑板车往我面前一放，"你玩吧！我一会来拿。"

霖霖在旁边看了好一会儿，对夯夯说："我们可以交换吗？"

夯夯用手托住脸，做出思考的样子："要说'请'。"

霖霖抬头看了我一眼，对夯夯说："请问我们可以交换吗？"夯夯这才爽快地答应："可以！"

两人各自玩起了对方的车。

教师解读

面对大班的哥哥，霖霖刚开始是逃避，不愿意主动表达自己的想法，即使夯夯哥哥先顺从了霖霖，带霖霖拿到了小车，并耐心地跟霖霖说要去拿自己的滑板车，霖霖还是选择先回到老师的身边，在老师的视线范围内游戏。可见，小班幼儿在入园初期，情绪仍是影响他们行为的一个重要因素。霖霖在班级里是愿意主动表达自己的想法、自我服务能力较强的孩子，面对喜欢的玩具和哥哥的请求，她仍选择待在有安全感的老师附近，"无视"哥哥的请求。同时，情境演示对小班幼儿有支持作用，霖霖在教师表演交换玩具时会主动模仿，对哥哥的滑板车感兴趣时，在教师的鼓励下也能学习表演中的对话，礼貌地征求哥哥的意见。

观察实录

全园混龄活动再次玩车

本次混龄活动前，各班提前商量，有计划地大带小一起玩车，共同协商可以怎么交换、在什么场地玩、如何玩。

这次活动是佳佳和小七一起。佳佳是一位独立能力强、性格有些内敛的女孩，遇到事情不太愿意主动表达自己的想法。小七是一位很热情的姑娘，带妹妹时很有责任心和耐心。

"弟弟妹妹不愿意跟着自己玩怎么办呢？"

"可以向他们介绍一下自己的车子怎么玩，示范给他们看。"

"还可以问问他们想玩什么。"

又要玩车啦！这次，主持人以情境表演的方式，教给大班哥哥姐姐如果弟弟妹妹不愿意跟自己一起玩，可以用介绍玩具的方式吸引弟弟妹妹的注意，还可以多询问弟弟妹妹的想法。

活动一开始，佳佳就一直不愿意牵小七姐姐的手，哭着说："老师，我要老师。"小七拿着自己带来的小车，蹲在地上耐心地安慰佳佳："佳佳，你先别哭，姐姐带来的车可好玩了，你可以把它放在地上滑来滑去。"说着就把小车放在佳佳的手里，想让佳佳试一试，佳佳一把推开小车，仍是哭个不停。小七温柔地拿纸帮佳佳把眼泪擦干，又问了一次："妹妹，你想玩姐姐的小车吗？"佳佳摇了摇头，小七便牵着佳佳来到老师身边。

"老师，我的妹妹一直哭，她也不玩，就要找老师。"小七仍是温柔地帮佳佳擦着眼泪，担心地看着佳佳。

"佳佳，你的姐姐真关心你，一直帮你擦眼泪。"我把佳佳抱进怀里安抚着，待佳佳情绪好转，我问道："佳佳，刚才你为什么要哭呀？"佳佳沉默了一会说："我不想玩那个车。""那你有没有跟姐姐说呀？"佳佳摇了摇头，小七也在旁边安静地听着，捧起佳佳的脸蛋："妹妹，你要不想玩车，你就跟姐姐说，姐姐不会不同意的，但你要跟姐姐说，知道吗？"佳佳点了点头。小七主动牵住佳佳的手："妹妹，你想玩什么？"佳佳指了指滑梯。"你想玩滑梯吗？"小七问道。佳佳点了点头。佳佳从楼梯爬上滑梯，滑下来的时候小七就在旁边用手扶着，嘴上还说着："小心点，妹妹。"佳佳的脸上也慢慢出现了笑容。

"姐姐，我们再去玩那个滑梯，好吗？"佳佳问道。小七回答着"好"，小跑着来到我身边："老师，刚才妹妹主动跟我说她想换一个玩了！"小七眼睛亮晶晶的。我说道："太棒啦！妹妹现在也愿意主动跟你说她的想法了！"

教师解读

经过了三次大带小玩车活动，相较于之前的无所适从，大班幼儿明显经验丰富了，小七在佳佳不停哭泣时先是安慰她，通过自己带来的玩具吸引她的注意，还会介绍小车的玩法，试图让佳佳转移注意力，尝试多次无果后才寻求老师的帮助。待佳佳情绪稳定后，小七仍能继续关心佳佳的想法，鼓励佳佳主动将想法告诉自己，并为佳佳敞开心扉而感到惊喜和自豪。

在以上三次活动中，可以看到幼儿多方面的转变。首先，混龄活动中的情境表演对小班幼儿很有支持性，霖霖可以从直观的情境对话中学习如何礼貌地与他人交换玩具，佳佳愿意主动跟姐姐说自己的想法，但在实际场景中仍需要教师的示范和引导。其次，情境表演对大班幼儿也有启发性，在多次大带小活动中，大班幼儿会思考玩具的适宜性和对小班幼儿的吸引力，同时，情境表演也丰富了他们照顾弟弟妹妹以及面对哭闹等多种突发情况的策略。不同年龄段的幼儿都能在混龄活动中得到改变和发展。

需要注意的是，教师的引导作用不可或缺。小班幼儿在入园初期情绪起主导作用，他们更愿意待在有安全感的环境，如班级和教师身边，会拒绝哥哥姐姐的接触，出现哭闹等情绪，这时就需要教师的及时安抚和引导。教师一方面要帮助哥哥姐姐理解弟弟妹妹的想法，另一方面也要通过表扬的方式让小班幼儿感受哥哥姐姐对自己的关爱，建立情感联系。

案例提供者：刘缘

7. 有事要说

案例背景

元宝和壮壮都是班上的小年龄幼儿，日常班级活动中关照自己的事情都显得有些力不从心。基于这样的情况，混龄活动中，教师特意引导这两个小哥哥同时带一个弟弟，希望凭借两个人的力量能将一个弟弟照顾好。事实也证明，在混龄活动开始的阶段，两个小哥哥经常自顾自玩，弟弟早就不知道去哪里了。经过一段较长时间的观察、讨论、调整，现在两个小哥哥已经能和弟弟打成一片，混龄游戏时经常能看到三个小伙伴脸上洋溢的笑容。

幼儿信息

大三班幼儿：元宝，男，2017年8月出生
大三班幼儿：壮壮，男，2017年8月出生
中三班幼儿：伊伊，男，2017年12月出生

观察实录

元宝、壮壮和伊伊三人结对，准备在操场上一起玩带来的车子，壮壮带

的是平衡车，元宝带的是儿童自行车，中三班的弟弟伊伊带的是滑板车。

活动开始了，壮壮骑着平衡车在最前面，元宝尾随，伊伊蹬着自己的滑板车，不甘示弱地紧随其后。他们仨穿梭于前后操场，如同一条"贪吃蛇"，快速且灵活。

在之后的交流中，壮壮得意地说："今天太开心了，我们三个人都带来了可以骑的车，我们一直在玩骑车比赛，并且我每次都得第一名！"

说到这儿，元宝站起来打断了壮壮："你每次都骑那么快，一点都不等我和弟弟，我一直在后面对着弟弟喊'加油'，弟弟才追上我们的！"

听了元宝的描述，大家纷纷为元宝点赞，都觉得他虽然没有赢得比赛，但却是一个有责任心和耐心的好哥哥。

下午，元宝点心吃得快，带着伊伊先下楼继续玩车。但是，映入眼帘的场景却变成了元宝在前面猛骑着车，而伊伊徒步在后面气喘吁吁地追元宝。元宝一点停下来等伊伊的迹象都没有。于是，老师拦下了元宝："上午不是照顾弟弟照顾得挺好的，怎么下午就一个劲儿地让弟弟在后面追呢？"

伊伊看到老师在"责问"哥哥，立刻挺身而出，解释道："不是的，我是在锻炼！"

元宝赶紧附和道："他在锻炼！"

老师问伊伊："你喜欢这样锻炼吗？"伊伊神情失落地说："不喜欢！"

老师问："那你真正的想法是什么呢？"伊伊犹豫片刻说："我想骑哥哥的车！"

老师问伊伊："哥哥知道你的想法吗？"伊伊说："不知道！"

老师说："你为什么不问问哥哥呢？"伊伊沉默不语。

此时，元宝站在旁边看着伊伊和老师对话，对伊伊说："你问我呀，你不说清楚，我怎么知道你想干什么呢？"

老师转向元宝："如果你想知道弟弟的想法，怎么办呢？只能等待弟弟告知吗？怎样能更快速知道弟弟的想法？"

元宝眼珠咕噜一转,对着伊伊问道:"弟弟,你到底想要干什么?"

伊伊怯怯地说:"我想骑一会儿你的车,可以吗?"

元宝笑眯眯地说:"当然可以!"他说着便下了车,把车让给了伊伊骑,同时还不忘"教育"他:"下回有想法要告诉我,我还以为你跑得很开心呢!"

教师解读

混龄活动为不同年龄段、不同性格、不同经验背景的幼儿提供了合作、交往、分享、互动的机会,让幼儿在活动中通过观念的碰撞、经验的交流,激发主动学习和交往的动力,体验与不同人交往的乐趣。

在上午的游戏中,壮壮的游戏标准是"拿第一",而元宝始终落在后面,关注着伊伊的动向,责任心很强,生怕伊伊走丢或发生危险。这说明元宝已经能跳出游戏本身,逐步关注需要照顾保护的弟弟伊伊。他知道游戏不仅要让自己开心,更要让结对的弟弟满足。因此在骑车比赛时,并没有在意名次,更多的是对弟弟的鼓励和关照。可见,元宝的责任感在混龄活动中得到了增强,形成了正确的自我认同。

下午的交往场景让我们看到了不同年龄段的幼儿在面对跨年龄交往时所遇到的沟通问题。伊伊是想追上元宝,骑元宝的车,而元宝却误以为伊伊喜欢追着自己跑。虽然两人已相处了很久,但伊伊也许是因为害怕请求被拒绝,羞于向元宝表达自己的想法,恰恰元宝也没有对伊伊的行为多加考虑,造成一个骑得开心,一个追得辛苦。

教师在此过程中对双方都进行了交往上的鼓励和指导,伊伊最终在元宝和老师的双重鼓励下说出了自己真实的想法,勇敢地迈出了第一步!这一过程中,元宝体会到交流的重要性,明白了只有不断交流才能真正了解对方。教师的对话支持使得幼儿的交往更加和谐、深入。

在活动的第二天，哥哥的班级也同样针对这件事情进行了讨论：到底怎样才能知道弟弟妹妹的真实想法？大班幼儿总结了很多的策略：① 可以先主动询问弟弟妹妹的想法，尽量先满足他们的需求。② 对弟弟妹妹说话语气要温柔，弟弟妹妹才能接受我们的想法。③ 在弟弟妹妹不愿意说的情况下，要观察弟弟妹妹的动作，猜测他们的想法，并询问他们以证实自己的猜想。

在经过一年的固定结伴混龄交往后，幼儿间产生了深厚的友谊。当伊伊感受到老师"责问"元宝哥哥时，非常维护元宝，不希望元宝受到批评，主动解释是自愿锻炼身体。当伊伊借车时，根据元宝与同龄人交往的情况看，我们一度担心他会舍不得，没想到他却异常大方、满口答应，表现出了对弟弟的宠溺。最后元宝的一句"语重心长"的话，相信对弟弟伊伊也是有促进作用的。

案例提供者：方芳

玩玩具

1. 没有玩具给我玩，我不给你玩

案例背景

　　全园混龄游戏活动大带小"玩玩具"开始了。第一次"玩玩具"活动准备时，我们先请中大班幼儿带玩具，小班幼儿暂时不带玩具。这是出于几方面的考虑：一是减轻小班幼儿带玩具的负担，以免小班幼儿不能保管好玩具而丢失，影响其情绪；二是小班幼儿年龄小，对自己的玩具很在意，可能不愿意分享自己的玩具。因此，我们引导大班幼儿带着弟弟妹妹玩，鼓励小班幼儿既可以跟着哥哥姐姐一起玩，也可以寻找自己喜欢的玩具，与不同的同伴自由结伴一起玩。

幼儿信息

小二班幼儿：土豆，男，2019年7月出生

小二班幼儿：小满，男，2019年5月出生

观察实录

● 第一次玩玩具

哥哥姐姐带来了各种各样的玩具，弟弟妹妹看了两眼放光。很多弟弟妹妹因为玩具主动凑到了哥哥姐姐的身边。

土豆的大班哥哥今天没有来，中班哥哥也没有来找他。他一个人在人群中搜寻着，很快目光就锁定了一辆橘红色的玩具渣土车。小车的主人和其他几个好友已经围在一起愉快地玩耍了，可能暂时没玩到渣土车，它被放在了人群外围。

土豆看了看周围，不断捡拾地上的落叶放进渣土车里。察觉到有人在往渣土车里放落叶，中班哥哥黑着脸一边问"你干什么"，一边迅速地把落叶从车斗里拿出来。

土豆蹲下身来，凑近问："我能玩吗？"

中班哥哥问："你有什么玩具？"

土豆略显尴尬，两手一摊。

中班哥哥不满地说："你没有玩具给我玩，我不给你玩。"说完他就把渣土车放到了他们小组中间，背对土豆，不再搭理他。

土豆难过地跑开了，不过很快就被一辆可以载人的玩具摩托车吸引了。

这一次的哥哥很友善，答应载着他绕场一周。土豆在老师的引导下，对哥哥连声道谢。下摩托车的时候，土豆主动说："哥哥，我下次带玩具给你玩。"

大带小活动结束后，全班的孩子依照惯例，交流本次活动的感受和困难。

老师问："今天和哥哥姐姐玩得开心吗？"

很多孩子都高兴地直点头。

嘟嘟说："我不开心。"她的声音特别明显。

"为什么呢？"老师追问。

嘟嘟噘着嘴巴说："哥哥不给我玩。"

"那怎么办呢？"老师问全班孩子。

嘟嘟说："我也想带玩具。"

老师补充道："今天土豆也说想带玩具。"

土豆站起来认真地点点头说："是的。"

老师继续问道："第一次的哥哥有没有给你玩？"

土豆有些难过地说："没有。"

老师问："为什么他不给你玩？"

土豆说："我没有玩具。"

老师又问："后来你为什么说要带玩具给另一个哥哥玩？"

土豆说："哥哥带我骑摩托车的。"

老师问："你们想不想带玩具和哥哥姐姐一起玩？"

"想！"孩子们异口同声地说。

"这一次没有让你们带玩具主要是怕你们带来玩具会弄丢。如果你们想带玩具来，怎么保管好自己的玩具呢？"老师问。

"抓好。""看好了。"孩子们说着自己的办法。

"带玩具来之前，一定要请爸爸妈妈在玩具上帮你做好姓名和小二班的标记，这样玩具就不容易丢了，即使丢了别人也会送回我们班。"老师提示。

● 第二次玩玩具

隔了一周，全园第二次大带小玩玩具。这一次小、中、大班的孩子每人都带玩具，并且大班的哥哥姐姐提前一天下午到小班，和弟弟妹妹商量玩什么、带什么玩具。

哥哥姐姐牵着弟弟妹妹的手一起玩玩具喽！因为土豆生病没有来，老师没看到他带玩具和哥哥一起玩的情况。不过，小满这次和土豆上次的境遇有点像，他一不小心和哥哥走散了，向老师求助："我哥哥丢了。"

"你看看操场上其他的哥哥姐姐那里有没有你想玩的玩具，让他们带着你先玩一会儿，一边玩一边找找自己的哥哥。"老师出主意。

小满很快就被一个有玩具遥控车的哥哥吸引了，他走过去蹲下，慢慢凑上去，伸手想去拿哥哥的小车。"这是我的小车。"哥哥宣示着小车的主权。

小满把自己带的一辆非常精致的蓝色警车玩具推到了哥哥面前，笑眯眯地没有说任何话。哥哥一手接过了小满递过来的玩具，一手把自己小车的遥控器递给了小满。小满就这样愉快地玩起哥哥的玩具车……

很快，结束的音乐就响起来了。大班哥哥姐姐把小班弟弟妹妹送回了班级。大家又坐下来讨论今天的活动。

老师依旧询问道："今天和哥哥姐姐玩得开心吗？"

"开心。"孩子们一边说，一边点头示意。

"嘟嘟，今天开心吗？"老师问。

嘟嘟有些腼腆地点点头。

"你今天玩的什么啊？"老师继续问。

"水晶泥。"嘟嘟说。

"今天哥哥姐姐和你一起玩了什么？"老师问。

兮兮说："姐姐带来了兔子，我也带来了兔子，好玩。"

辰辰说："我今天带了导弹车，哥哥和我一起玩。"

……………

孩子们一脸兴奋地说着。

老师再次关切地问："你们的玩具都带回来了吗？"

"没有丢。""在柜子里。"

远宝突然大哭起来："呜呜……我的车不见了。"

"你在哪里玩的？我们一起去找找。"班级的另一位老师安慰道。

"这是你们班的小车吧？"还没有等我们去找，小车已经被哥哥姐姐送到我们班上了。

"今天小满玩了一辆非常好玩的大玩具车，是不是？"老师一边说，一边出示照片帮助他回忆。

"嗯，车好大。"他一边说一边比画。

"这是你哥哥的车吗？"老师问。

"不是，我哥哥丢了。"小满有些难过地说。

"你玩的是谁的车？"老师问。

"不认识的哥哥。"小满笑眯眯地说。

"哥哥怎么给你玩他的车呢？"老师问。

"我的车给哥哥玩的。"小满说。

"如果想玩不认识的哥哥姐姐的玩具，可以把自己的玩具给他们玩。"通过讨论，老师和孩子们达成了共识。

教师解读

陈鹤琴先生指出："小孩子玩，很少是空着手玩儿的，必须有许多东西来帮助才能玩儿起来，才能满足玩儿的欲望。"从连续两次的大带小玩玩具的活动中小班幼儿没带玩具和带了玩具的真实情境对比，我们看到了小班幼儿不同的游戏体验。第一次玩玩具后，土豆因为交往中没有玩具而"被拒"，主动提出希望自己带玩具的诉求。教师敏感地抓住了这个有效的问题，带领幼儿及时围绕小班带玩具进行了集体讨论，商讨了不遗失玩具的策略。从第二次玩玩具的情况看，通过前期的讨论，即使是小班幼儿也能妥善保管好自己的玩具，并通过提前在玩具上做名字和班级标记的策略确保玩具不丢失，打消了老师第一次的"顾虑"。小班幼儿用自己手中的玩具赢得了玩不认识的大班哥哥姐姐玩具的机会，与陌生的哥哥姐姐进行了积极的交往，也能比较好地保管好自己的玩具。

可见，小班幼儿手中的玩具在大带小游戏时发挥了很大的价值，小小的玩具不仅是游戏材料，还是和"陌生"哥哥姐姐结伴游戏的有利筹码。玩具有效地开启、维持、推进了混龄游戏中幼儿间的互动。

案例提供者：胡蓓

2. 这是我弟弟的玩具

案例背景

乐乐和豆豆从小就在一起游戏，有共同语言，两个男孩子在班级中形影不离，在大带小混龄活动中也更倾向于只和彼此游戏，不太愿意和哥哥姐姐或弟弟妹妹一起玩。我们从与乐乐家长的交流中得知两人是门对门从小一起长大的邻居好友。乐乐更加执着地认为豆豆就是自己最好的朋友，就是要在一起玩，不太愿意与其他同伴互动。家长知晓这样的情况也没有过多干预。

在混龄活动开展两年以来，这对"好兄弟"也都在一起游戏，很少有哥哥姐姐、弟弟妹妹融入这个小团体。我们一直也在思考，想通过混龄活动的观察、引导，帮助他们扩展交友圈，发展其社会性交往。

幼儿信息

大二班幼儿：乐乐，男，2017年2月出生
大二班幼儿：豆豆，男，2017年5月出生
中二班幼儿：葫芦，男，2017年12月出生

观察实录

● 快把弟弟扔了吧

"大带小捉虫"活动开始啦，各自找好同伴的孩子们就在一起开始了捉虫游戏。不一会儿，豆豆牵着他的弟弟对我说："老师，我们捉到一只蜗牛。"乐乐也从后面的小树林中钻了出来大声说："这是我抓到的。"三个小朋友在一起围着蜗牛看了许久。

这时，豆豆带着的小弟弟想要去一边的花坛玩，而乐乐想去大滑梯下面的草丛中看一看。弟弟拉着豆豆一只手，乐乐拉着豆豆另一只手。争执中乐乐对豆豆说："你这个弟弟太不听话了，快把他扔了吧！"见豆豆不为所动，乐乐离开了他的伙伴，独自去捉虫了。

回到班级后，我们共同讨论本次游戏的情况。我问道："你今天和弟弟妹妹在一起游戏了吗？你觉得开心吗？过程中你有没有遇到什么困难？"

豆豆说："我觉得很开心，我和弟弟捉到了蜗牛。"

"那是我给他抓的。"乐乐激动地举着手说。

"可是乐乐总要我把弟弟扔掉，后来我们就不和乐乐玩了。"豆豆说。

"为什么要把弟弟扔掉呢？"我问。

"弟弟他不听话呀，我们不管要去哪边，弟弟都要去他想去的地方。太不听话了！"最后一句乐乐还着重强调了一下。

"真是个大问题，其他小朋友有遇到这样的情况吗？如果是你遇到这个情况，怎么办？"我问道。

"可以先去弟弟弟妹喜欢的地方玩，再去我们想要去的地方。"

"可以问问弟弟为什么非要去那里玩，如果他说的有道理就可以听。"

…………

小朋友纷纷给出自己的方法。乐乐抿着嘴巴坐在那里两眼直直地望着前方，始终没有说话。

● 终于找到弟弟了

前两次的大带小活动，乐乐没有找到混龄同伴一起游戏，而是和豆豆一起共同带他的弟弟。于是在"大带小玩玩具"活动中，我们调动大班幼儿的计划性活动的经验，提前写好带玩具的计划书，第二天介绍给弟弟妹妹听。

第二天，我们先来到中二班。乐乐躲在队伍中依旧犹犹豫豫，一直没有上前找弟弟妹妹。

"你找到小伙伴了吗？"

"已经没有弟弟妹妹了，都给别人选走了。"乐乐说。

"那等会儿去小二班我先让你进去找小伙伴吧。"我说。

来到小二班，我先让乐乐进去找到弟弟妹妹做朋友。乐乐一直在班级中转悠，直到老师提示抓紧时间后，才找到了弟弟并一起做计划。

● 家园沟通

在与家长个别交流时，我们也将乐乐在园与人交往的情况与其家长交流。我们让家长了解老师在集体中通过情景再现、集体讨论、反思总结、时间空间优先、一对一提醒等方法，希望能够帮助乐乐扩大自己的交友圈，结识更多的同伴。

乐乐爸爸说："老师，你说得太对了。其实乐乐姐姐也是这个情况，上了小学以后，我们都要求姐姐每天回家告诉我们今天又和哪些新朋友有交流。乐乐从小和豆豆一起长大，乐乐走到哪里都只想着豆豆，到大班了我们也要慢慢地引导他扩大交友圈，不然上了小学他根本不能适应。"

● 这是我弟弟的玩具

"大带小玩玩具"的时间到了，这一次小朋友们都从家里面带来了各种玩具和同伴一起游戏。乐乐带来的遥控汽车非常炫酷，引来了许多小朋友的围观。乐乐不断操控炫技，引起了大家的关注。

中二班的葫芦带来了一个折叠赛车车道，只要将赛车放在赛道上弹射就能行驶出很长的距离。乐乐带着小班弟弟观察了一会儿，加入这个队伍中一起玩了起来。过了一段时间葫芦不想玩带来的折叠赛道游戏了，打算将赛道折叠收拾起来。

乐乐连忙问他："你为什么要收？还没有放收的音乐呢！"

葫芦说："我不想玩这个了，我要玩大滑梯。"

乐乐二话不说，提着展开的折叠赛道玩具，从大操场走到大滑梯的草地上，边走边说："葫芦你去玩，我在这里帮你看着。"

葫芦开心地去玩大滑梯了。其间，有小朋友想要来玩一玩折叠赛道，争取小赛车使用权时，乐乐都会对前来游戏的小朋友说："这是我弟弟的玩具，玩的时候要小心，别弄坏了哦。"就这样乐乐和中途随机认领的弟弟产生了"联系"，最后还主动把弟弟送回了班级。

教师解读

在大带小活动中，乐乐从鼓励豆豆"把弟弟扔掉"到在教师的引导下寻找到自己的弟弟并在一起制订游戏计划，直到最后能够主动去带一个弟弟。这样的转变是乐乐的自身观点"认定固定好友"到新观点"主动和他人玩游戏"的巨大突破。一开始，乐乐对于教师引导混龄大带小仍然有所抵触，在游戏遇到困难时直接选择了放弃，而同伴交流使乐乐内心触动。随着活动一次次的开展，教师将自主选择权再一次交到了乐乐手中，虽然乐乐也想带弟弟妹妹，但是行为上有欠缺，迟迟无法抉择。教师适时的引导帮助使乐乐从被动到主动，并且认领了自己的弟弟。

其实长期以来家庭的观念对幼儿本身是有一定的影响的，教师通过家园沟通了解幼儿交往的困难时，向家长介绍在园的指导方法，不仅帮助家长了解幼儿园的做法，更是在潜移默化中帮助家长积累促进幼儿社会交往的策略。

乐乐在一次次总结反馈中默默吸取同伴的大带小的良好经验，最终在感兴趣的活动中不断发挥大班哥哥协调处理问题的能力。而迈出这一步也需要成人的帮助和推进，给予幼儿结识新同伴的时间与空间。伴随着时间和空间推进、校园与家庭的双重力量支持，乐乐最终也在不断地调整自己，主动结识更多不同的同伴，扩大了自己的交友圈，发挥自身的魅力，在混龄游戏中结识了更多的好朋友。

案例提供者：马潇潇

3. 怎么就玩到一起了

案例背景

津津和泊远是临时结对的一对大带小伙伴。津津在小班中是年龄较大的孩子，不管与同班孩子相处还是和哥哥姐姐相处，都表现出极强的交往欲望，他在之前每一次的混龄游戏中，交往的主动性都很强，经常能看到他拿着哥哥姐姐的玩具玩得非常起劲儿。泊远起初是一个怕被弟弟妹妹拒绝的哥哥，前两次的混龄游戏都处于找不到弟弟妹妹的状态，经过教师的引导，泊远才开始每一次都和弟弟妹妹一起玩。

幼儿信息

小一班幼儿：津津，男，2018 年 11 月出生

大一班幼儿：泊远，男，2017 年 6 月出生

观察实录

午饭后，混龄玩玩具的活动继续展开。津津拿着自己的玩具在班级门口的操场上独自一个人玩起来，不一会儿，他就和泊远玩在了一起。

听到操场上传来津津爽朗的笑声："啊？菊石？哈哈哈！"我被这笑声吸

引，想去看看究竟是什么有趣的事情让津津如此开怀大笑。

只见津津正坐在滑梯上，翻转着菊石玩具，左看看，右看看。泊远就站在滑梯旁看着津津。"老师，哥哥说这是菊石！哈哈哈！"又是一阵笑声，泊远也跟着笑起来。

"你知道什么是菊石吗？"我问津津。

津津说："菊石就是橘色的石头！"

泊远急忙纠正："不是的，菊石是海洋古生物化石。"

津津并未回应泊远的解释，只是笑嘻嘻地将菊石从滑梯上推下去："菊石滑下来了！"

泊远立即捡回地上的菊石递给津津，两人之间并没有语言上的交流。拿到菊石的津津没有犹豫，又将菊石顺着滑梯滑下来："菊石滑下来了！哈哈哈！"

菊石滑下来的瞬间，泊远也跑去滑梯底部接着菊石，拿到菊石后，泊远大步跑到津津身旁："弟弟，给你！"

津津始终没有离开自己的位置，拿到泊远递给自己的菊石说道："菊石掉到海里去啦！"津津又一次把菊石滑了下来。

这时，泊远手拿着菊石，做着游泳的动作来到滑梯的另一侧："菊石被海水冲到这里来了。"

津津目光紧盯菊石，急切地说："哥哥，你能把菊石分享给我吗？可以给我玩一玩吗？"泊远毫不犹豫地将菊石递给了弟弟。拿到菊石后，津津乐此不疲地玩着"菊石掉进海里"的游戏。

泊远捡起菊石交给弟弟，耸起肩膀长叹一声："唉！"

"哥哥，你为什么叹气呀？"我问。

"唉，弟弟总是玩这个游戏，我都捡累了。"泊远虽然嘴上抱怨着，行动上却一直没有停止帮弟弟捡菊石。

"你要不要试试和弟弟玩其他的游戏呢？"我尝试建议。

"弟弟想玩这个就玩这个吧！没关系的。"泊远又跑去捡菊石了。

游戏结束后，我问津津："你喜欢这个哥哥吗？"

津津眯着眼睛笑嘻嘻地说："喜欢，哥哥会与我分享玩具。"

教师解读

"社牛"津津怎么就和"怕被拒绝"的哥哥玩到一起了呢？在自带玩具的混龄游戏中，由于材料是幼儿自己熟悉的，他们对自己的玩具有清楚的认知，在交往中增加了很多自信。小班津津在游戏时专注于对玩具的操作，哥哥忙于帮弟弟捡玩具，他们的互动是互相促进、配合的结果。

泊远是刚升入大班的孩子，中班时他还是被照顾的弟弟，角色上的转变让他在混龄游戏中遇到了挑战。但是幼儿在混龄游戏中的角色是动态的，是在不断变化发展的：从需要被人照顾发展到照顾别人，他们的心理也是不断发展变化的。

因为大一班人数多于小一班人数，泊远在前两次混龄游戏中没有找到弟弟妹妹，他说："每次找弟弟妹妹时我都没找到，我就不知道该怎么办了。""我怕弟弟妹妹会拒绝我。"经过教师的引导、同伴之间多次的游戏经验的交流和策略的分享，泊远开始与弟弟妹妹们玩在一起，懂得作为大班哥哥要谦让，要保持良好情绪。他在成全弟弟游戏的同时自己也得到了成长。

"社牛"津津在班级中表现出很强的交往欲望，但是有时候行动先于语言，因此有些孩子会说"我不要和津津一起玩，他总是抢我的东西"。在混龄游戏中，哥哥的谦让随和使津津的需求得到了极大的满足。也许是哥哥姐姐打心眼里就有照顾弟弟妹妹的想法，所以会谦让弟弟妹妹，津津在哥哥姐姐面前还是需要"被照顾"的。这就是混龄游戏的魅力，在不同年龄段中，虽是同一个人，但他所处的角色发生了改变，他在交往上获得的满足感也就不同。

案例提供者：孙海清

其 他

1. 做好准备讲故事

案例背景

本次全园混龄大活动以"读书节"为专题展开，第一次大带小阅读图书，请每位小朋友带一本图书，可自由选择、互相交换借阅。

萌萌是一位做事认真、文静少言的小姐姐。欢欢是萌萌大带小结伴的妹妹，她们已经结伴了好几次，对彼此已经熟悉。萌萌在家精心挑选了一本最熟悉的绘本，做好了给弟弟妹妹讲故事的准备。

幼儿信息

大一班幼儿：萌萌，女，2014年12月出生

小一班幼儿：欢欢，女，2017年3月出生

观察实录

"这是一本关于太空的书。"萌萌边翻边向坐在一起的小朋友们介绍,大家一听都很有兴趣,纷纷合上自己的书凑在一起,目不转睛地盯着绘本上的图画看。

"这个长得好吓人啊。"欢欢指着绘本上一个黑黑的东西不由叫道。

"这个像鬼一样的东西,你可以把它当成小毛草。"萌萌指着书上那些长相奇怪的东西说。一开始我没理解,凑近一看,原来是一团一团黑黑的东西,看着怪吓人的。

"啊?鬼吗?"萌萌说的话让妹妹关注的重点没有落在"小毛草"上,而是注意到"鬼"这个词。

"不是不是,就是它,就是一根一根毛草变出来的。"萌萌为了安慰妹妹,赶紧改变说法,似乎怕吓到妹妹。

"这个是太空里很有意思的黑洞……"萌萌很认真地介绍绘本,阅读故事。妹妹们听得十分投入,把自己的图书合上,夹在手里。

"你好像对这本书很了解呀?"我看萌萌讲得有模有样的,等到她讲完我终于按捺不住我的好奇心。

"因为这是我的书,我看过。"萌萌合起书,抬起头眨巴着眼睛看着我。

"原来是这样,你没有挑选别的图书看,而是选择自己的图书给弟弟妹妹讲故事,是吗?"我很好奇地问萌萌。

"我想给妹妹们先讲一个故事,现在给妹妹们讲完了,我马上就去换一本吧。"萌萌说完就起身带着妹妹们走向选书区域。

教师解读

萌萌是一个非常细心且很会照顾人的小姐姐。她特意选择了一本自己非常熟悉的图书，并做了充足的准备。正因为是她熟悉的内容，所以她能熟练地讲述故事。在"大带小阅读"活动中，萌萌发挥了姐姐的引导作用，把妹妹的阅读兴趣调动起来；她还能了解每一个细节，关注细节，时刻关注妹妹的问题和情感倾向，猜到妹妹可能看到"鬼"会害怕，还很贴心地引导她们想象。此次活动让萌萌体会到，给弟弟妹妹讲故事，自己要先熟悉故事内容。这也充分说明在混龄阅读活动中熟悉材料对于幼儿的影响。

通过本次包括后续几次的"大带小阅读"活动，我们逐渐发现"大带小阅读"活动是一个适宜的混龄活动形式。在大带小混龄阅读的活动中，弟弟妹妹渴望一个会讲故事的哥哥姐姐来带领他们，满足他们听故事的需要。因此这项活动既满足了小班幼儿对故事的喜欢的需求，又调动了大班幼儿的积极性，他们想得到弟弟妹妹的认同，更促进了大班幼儿讲故事的能力发展。

案例提供者：邵英聚

2. 姐姐再说一遍故事

案例背景

第一次全园混龄大带小换图书阅读活动，前期教师向大班幼儿预告活动内容，鼓励他们提前准备适合弟弟妹妹阅读的绘本。

跳跳和好好两个小朋友的妈妈是同事关系。平日里跳跳很照顾好好，在混龄活动中，他们也常在一起游戏，他们俩和小面包是固定的混龄同伴。小面包是一名表达能力较强的幼儿，喜欢阅读绘本，有较丰富的语言词汇量，平日在班级也很喜欢讲故事和积极表达。

幼儿信息

大二班幼儿：跳跳，男，2014年12月出生
中二班幼儿：小面包，女，2015年12月出生
小二班幼儿：好好，女，2017年1月出生

观察实录

大带小换图书阅读活动中，跳跳、小面包、好好三人手拉手一起去选择

图书。跳跳一直提醒着:"我们要手拉手,不能分开。"小面包全程跟着跳跳走,还紧紧拉着好好的手,嘴里不忘念叨着:"不要走丢,不要走丢。"

三个人手拉着手看完一圈后,分别拿了一本自己喜爱的书,在操场上找了个空位置坐了下来,各自拿着书翻阅。

没一会儿,好好的书就翻完了,她开始左顾右盼。跳跳在一旁提醒她:"不能离开座位哦,可以再看一会儿书。"好好拿着书摆弄着,继续左右张望。

就在这时,小面包坐到好好身旁:"我来给你讲故事。"她一边说一边搬个小椅子就坐了下来。

她拿过书像模像样地开始读起绘本:"故事名字叫《灯塔》。"

再翻一页,"灯塔在茫茫大海中,照着……"

再翻一页,"灯塔在海浪中,照着……"

再翻一页,"在黑漆漆的晚上,它亮着……"

就这样,虽然短短几句话,但妹妹听得很认真……

讲完一遍,妹妹喊道:"姐姐再给我讲一遍吧!"

小面包拿起书,讲了一遍又一遍,直到活动结束音乐响起,他们才各自回班。

教师解读

在混龄活动中,年长幼儿感受当哥哥姐姐的自豪与责任,而年幼幼儿通过模仿、观察和学习年长幼儿的言行,其社会性也得到了发展,学会关心他人。混龄环境给幼儿营造了兄弟姐妹在一起的气氛,使幼儿充分体会到兄弟姐妹之间的互爱、互助等,也让他们学会了谦让和耐心等良好的情感。

在上述案例中,大班的跳跳一直关注和照顾自己的妹妹,生怕妹妹离开自己走丢，随时用语言提醒她。当小班妹妹无所事事，大班的跳跳还没有来得及好好回应时，中班的小面包能及时发现妹妹的需求，主动地给妹妹讲述故事，熟练的语言表达充分展现了她的语言优势，成功地吸引了妹妹的注意力。让人意外的是，好好自小班的混龄活动中和姐姐一起阅读过这本书后，到大班她依然对这本书记忆犹新，还在活动中提及并收藏着这本书，她时常说起："这是当时姐姐给我讲的故事！我很喜欢！我也很想念我的姐姐！"

  混龄活动让幼儿有接触不同年龄、不同经验和不同发展水平同伴的机会，幼儿也会在自身经验基础上发生认知冲突。这种冲突，促进了互动双方认知的发展。

案例提供者：郑舒月

3. 送给妈妈的三八妇女节礼物

案例背景

本次全园混龄活动恰好遇上了三八妇女节,"大带小给妈妈做礼物"的美术活动也如火如荼地开展起来,每个班级都有一个手工制作的"摊位",做什么、怎么做、弟弟妹妹会遇到什么困难、怎样帮助弟弟妹妹等一系列问题,我们都和班级幼儿讨论。

为了调动全园幼儿参与活动的积极性,让手工制作满足不同年龄段幼儿操作的需要,吸引不同年龄段幼儿的参与,同时也能亲手为妈妈制作一件礼物,材料的准备不仅要考虑制作成品的美观性,更要充分考虑同一种材料难易程度的升降级,让各个年龄段的不同幼儿都能操作。因此,老师带着大班幼儿综合考虑班级课程、幼儿兴趣、操作水平等因素,讨论并准备手工制作材料。

观察实录

"三八妇女节这天,我们要带着弟弟妹妹一起给妈妈、奶奶、婆婆做一个礼物,做什么好呢?"观看完三八妇女节来历的视频,我问道。

"我想做一张贺卡。"

"我想给妈妈画一幅画。"

"我想用黏土做'妈妈'。"

"我想给妈妈讲个故事。"

"我想回家做饭给妈妈吃。"

…………

孩子们热烈地讨论着。

"小朋友们的想法都很棒！这次，我们要带着中班、小班的弟弟妹妹一起做礼物送给妈妈，你们觉得可以做什么呢？"我问道。

"我们就折小花吧。"小小笑眯眯地说。

"为什么要折小花呢？"我追问。

"因为弟弟妹妹会折纸，如果不会的话我们可以帮助他们。"又又说道。

"我们也可以教弟弟妹妹其他的本领呀！为什么选择用纸做小花呢？"我继续问道。

小朋友们你看看我，我看看你，思考了一会儿……

"我知道，因为纸最方便，弟弟妹妹熟悉，我们也熟悉。"政然回答说。

"那做什么样的小花呢？"我问道。

"做一朵粉色的小花。"

"做百合花。"

"做郁金香。"

"做小雏菊。"

"做玫瑰花。"

…………

孩子们热烈地讨论着自己喜欢或是妈妈喜欢的花朵。

"小朋友们说了这么多，到底做什么样的花呢？怎么做呢？"我继续问道。

经过一番讨论，孩子们决定通过网络查找制作视频、翻看手工工具书等方法寻找自己想做的花，最后投票决定带弟弟妹妹一起做一朵美丽的小雏菊。（制作小雏菊工序比较烦琐，需要将长方形纸片先对折，再剪出宽度相似的若干线条，最后贴上双面胶裹在吸管上。我暗自思忖：做这朵花对于大班幼儿一点都不难，但是中班和小班幼儿要做可不容易啊！)

"小雏菊很漂亮，但是这么多的工序，弟弟妹妹会不会有困难呢？"我有意问道。

"会的，弟弟妹妹可能不会用剪刀。"

"弟弟妹妹剪不出来一朵一朵的花瓣，很困难。"

"弟弟妹妹贴双面胶的时候，可能会把纸贴坏掉。"大班的孩子们结合自己制作小雏菊中遇到的困难，预设着弟弟妹妹可能出现的困难。孩子们边说边皱着眉头，好像很担心的样子。

"那怎么办呢？"我故意又问道。

"那我们帮助弟弟妹妹做。"孩子们倒是很直接地回答。

"弟弟妹妹也想亲手给妈妈做一朵花呀。"我说道。

"那就带弟弟妹妹去做别的班级的简单的礼物。"有人笑眯眯地建议。

"如果弟弟妹妹就想做漂亮的小雏菊，怎么办呢？"我继续追问道。

…………

短暂的沉默之后，有人提议："我们可以先剪好，直接教弟弟妹妹贴上双面胶就好了。"

"嗯，我同意。"孩子们纷纷附和。

接下来的几天，孩子们每天都在美术区精心地为弟弟妹妹准备着"小雏菊半成品"材料。

三八妇女节如期而至，活动场上一片欢声笑语，班级制作小雏菊的活动"摊位"人流如织，大班的哥哥姐姐耐心细致地指导弟弟妹妹做小雏菊，有的直接抓着弟弟妹妹的手贴双面胶，有的带着弟弟妹妹四处"炫耀"自己制作的小雏菊……

"老师，你看我带弟弟妹妹做的小雏菊，漂亮吗？"

教师解读

大班幼儿在准备混龄游戏手工材料时，在教师的引导下能努力地突破自我中心，尝试站在弟弟妹妹的角度思考和预设弟弟妹妹可能遇到的困难，这对他们来说是一个很大的挑战。而教师的步步追问看似在质疑幼儿，实则在引导幼儿学习根据自己的制作经验和曾经遇到的困难，设身处地地思考弟弟妹妹可能遇到的困难，并提出了问题解决的办法，实现自我突破的同时促进了社会交往能力的发展。

大班幼儿做了充足的准备，如集体讨论手工制作的内容、预设弟弟妹妹可能遇到的困难、二次加工手工材料降低操作难度等。在实际活动中大班幼儿发现站在弟弟妹妹的角度"想问题""做事情"，不仅能帮助弟弟妹妹体验做小雏菊的成功感，同时也收获了来自弟弟妹妹的崇拜之情，在向旁人"炫耀"中共同享受成功的喜悦。

幼儿社会交往能力的发展具有潜移默化的特点，而教师的引导和支撑也是促进幼儿社会性发展不可缺少的条件。案例中教师通过循序渐进的问题引导，将三八妇女节给妈妈做什么、怎么做、弟弟妹妹可能有什么困难、怎样解决等问题抛给幼儿，支持大班幼儿学习转换角色、迁移同伴经验，引导大班幼儿更有深度、更全面地考虑弟弟妹妹的困难，从而梳理出交往的新方法，并在活动中体验和尝试，实现各年龄段幼儿在混龄游戏中的共生共长。

案例提供者：冯甜甜

4. 我和弟弟妹妹都要有礼物

幼儿信息

大一班幼儿：政然，男，2014年10月出生
小一班幼儿：海星，女，2017年8月出生
大一班幼儿：点点，女，2014年10月出生

观察实录

政然带着妹妹首先来到了做雏菊的桌边，开始动手操作。
"这个要先把双面胶贴在上面，然后撕掉。"政然细心、耐心地指导着妹妹。
"咦，双面胶呢？"政然在桌子上寻觅了一大圈，并没有找到。
"你能把双面胶借我用一下吗？"政然看到点点的手里有一卷双面胶，便主动询问道。
"你等会儿，等我用完。"点点头也不抬地继续贴双面胶。
"好的，不着急。"政然说罢就带着妹妹在旁边等待。
等工具材料都置办妥当后，政然手把手带着妹妹一起制作。从贴胶到撕胶再到卷吸管，政然和妹妹完成了一朵小花。
"老师你看，这是我做的小花。"政然到处展示他的作品。
"那你妹妹的小花呢？为什么妹妹手上空空的啥也没有？"有老师提出疑问。
"可是我们就只做了一朵花，这是我的，我要带回家送给妈妈。"政然举

着手里的小花说。

"但是妹妹没有礼物送给妈妈了呀,你要不把这朵花送给妹妹?"老师建议。

"不行,这是我做的花,我要带回家的。"政然理直气壮地回应。

"可是今天妹妹什么也没有啊!"几番交涉后,政然已经委屈到要掉眼泪了。

"你是哥哥,我们要照顾小班的妹妹。你的动手能力很强,可以送给妹妹后再带着她去做一朵花。老师相信你的!"我安慰政然。

"那好吧,我再去做一朵。"政然犹豫了一会儿,还是同意了,抹掉眼泪朝着制作小花的桌子走去。

"快看!这是我做的花,换了一个颜色哦!"不一会儿,政然就牵着妹妹一蹦一跳地来到我面前,骄傲地举起手里的一朵花大声说。

"哇,这朵花更好看!而且你们现在是不是都可以送给妈妈了?"

"是的!"政然和妹妹摇着小花笑着。

教师解读

在活动进行的过程中,幼儿间或多或少都会产生问题与摩擦,这就是自然环境提供给幼儿解决问题的机会。

政然是一个非常有礼貌且守规则的小朋友,使用共享材料时,他总是能礼貌地询问、耐心地等待、合理地分享。可毕竟是孩子,政然会对喜欢的东西爱不释手,更何况他很少参与美术区的手工活动,作品也很少,这次难得自己亲手做礼物送给妈妈,肯定会很不舍。但是政然却能接受别人的建议,从不舍到很大方地送给妹妹,自我调节能力明显得到提升,这就是一种成长。在本次活动中,政然与妹妹两个人不仅都收获了美丽的花朵,获得了一次有趣的体验，同时，政然与人交往的能力与分享共赢的意识也得到了提高，他又学会了一项面对纠结和内心矛盾新的解决办法。

我们常常看到新闻里、文章里说现在的孩子是独生子女，没有了社会性交往，甚至出现自私、"唯吾独尊"的行为。但是在全园的混龄活动中，我们渐渐发现幼儿是有能力去调解问题、去照顾别人的。尤其是大班幼儿表现出的大度、有爱心、有责任心、愿意谦让等品质真的让人觉得他们确实是大哥哥、大姐姐了。其实，他们也是孩子，他们也有自己想玩的项目，但是他们却能把弟弟妹妹放在心上，确实难能可贵。哥哥姐姐对弟弟妹妹的关爱会传递、会延续，爱的种子也会在弟弟妹妹的心里种下。

案例提供者：邵英聚

体育运动中的
混龄活动

1. 不言而喻的默契

案例背景

安迪和轮藻都是中等偏大年龄的幼儿,他们性格内向,活动中不太爱说话。在以往的混龄活动中,安迪从来没有找到过固定的玩伴。在一次混龄活动中,安迪找到了轮藻,随后记住了这个弟弟,两人变成了固定的伙伴,安迪非常珍惜这个伙伴。慢慢地,他们之间开始产生了一定的默契,建立了一定的情感联结。

幼儿信息

大二班幼儿:安迪,男,2017年1月出生
中二班幼儿:轮藻,男,2017年10月出生

观察实录

游戏开始,安迪和轮藻不约而同地找到了对方,安迪先拿了两个圈和一个球,轮藻见状也拿起了一个球,先拍一拍球看看有没有漏气,然后换了一个有气的球。

接下来,两人又拿起沙包,发现手上拿不了了,便放下了沙包和圈,最

终一人拿了一个球走向了平台。路过平台的时候，安迪被楼下的早操吸引住了，轮藻看到后，在一旁拍起了球。

等到安迪看完早操，两人便一起玩了起来，他们一会儿手拍球，一会儿胯下拍球，一会儿抱着球走小桥。谁走得快了些，就会停下来等一等。

玩了一会儿后，轮藻提议："我们去换个沙包吧。"随后两人一前一后走回器械旁，一同拿了圈和沙包。

有了更多的运动器械，他们的玩法也更多样化了。首先，轮藻玩起了转圈，安迪在旁边等轮藻玩完，便走过去拿走了轮藻的圈，放在地上，开始往圈里掷沙包，轮藻看见后就往圈里投球。

然后，轮藻拿起地上的圈，往前一扔，圈便滚了起来，安迪随即配合着将手中的沙包投到滚动的圈中，然后交换，安迪滚圈，轮藻投沙包。

接着，安迪拿起圈，平放在胸前，轮藻随即拿起球，投到圈中……每一次，安迪都会根据轮藻的距离调整自己的站位。轮到轮藻拿圈的时候，他会把圈竖着放在自己胸前，安迪便会耐心地走到轮藻面前，轻轻调试轮藻手中圈的角度。

最后，两人看到篮球架，相视一笑，轮藻投沙包，安迪投起了球……

教师解读

在混龄活动中，安迪和轮藻两人全程只讲了一句话，看似没有对话，没有任何交往，实则他们是在默默地互动。通过之前四次固定结伴的混龄活动，我们可以看出他们已经相互熟悉了对方的肢体和表情语言，建立了一定的情感基础和熟悉度，有着属于自己的一套交往系统，只要通过一个眼神、一个动作，就能相互观察、模仿、学习、合作。因此，我们需要打破只用语言交往的认知，其实没有语言的交流，不妨碍也不影响幼儿的交往。

固定同伴交往对于这一类不太爱说话的幼儿是一种很适合的方式，案例中两个男孩子间虽然语言表达得很少，更多的是用肢体动作表达自我，但也能推进他们高质量的发展。这种方式也丰富了我们对混龄交往方式的新的认识，我们要接纳这种方式。

对于此类不太爱讲话的幼儿，活动前分享策略，活动后交流每次活动中新的游戏经验、交往经验以及改进方向的环节，也是非常重要的，可以帮助其拓展交往方式，丰富语言的交流。

案例提供者：张伉俪

2. 跟着姐姐就开心

案例背景

文文在班级中与同伴相处的时候比较有个性，很有自己的想法，对同伴的建议不愿意接纳，常常会闹些小脾气。在这次的大带小活动中，平时与她经常结伴的姐姐因故没有来园，她与新的姐姐结伴，先自由选择沙包、圈、球等器具，再自由选择幼儿园场地，进行户外体育运动。

幼儿信息

大三班幼儿：尧尧，女，2017年1月出生
大三班幼儿：小七，女，2017年8月出生
小三班幼儿：文文，女，2019年5月出生

观察实录

小七和尧尧一下子就找到文文，三个小姑娘虽然没有结过伴，却很快地手拉着手，带着三个沙包，来到了四楼平台一起游戏。

在小七的提议下，三个小伙伴围坐在一起，小脚对着小脚，将沙包互相

抛着。

"看，我们在投篮！"姐姐笑着说。文文眼睛一眨不眨地盯着姐姐手上的沙包，当姐姐将沙包抛给她的时候，她一下子就接住了沙包，笑眯眯地边抛沙包，边学着姐姐说："在投篮。"

玩了一会儿，姐姐不小心将沙包抛了出去，说道："我这是十米外投篮。"说着就站起身，自己玩起了抛接沙包。文文见状也一骨碌爬了起来，看着姐姐的样子，模仿着也抛起了沙包，嘴巴里嘟囔着："投篮。"

又过了一会儿，姐姐找到了一个投掷的材料，发起了投掷比赛。"预备，开始！"姐姐大声说，"我赢了！"

文文也学着姐姐的样子，将沙包对着洞投了起来，虽然沙包没有投进，她仍学着姐姐边跳边说："我赢了！我赢了！"

姐姐却说："不，你没有赢！要投进去才算赢！"

文文听到了，默默从地上捡起沙包，对着洞抛了起来，一次、两次、三次，可是沙包不是抛得高了，就是抛得近了，一次也没投进。终于在第四次的时候，沙包被抛进洞里了，她一边拍着手，一边看着姐姐，笑着说："我赢了！我赢了！"

接下来的时间，姐姐带着文文一起，姐姐跑到东她就跟到东，姐姐跑到西她也跟到西。

《回家》的音乐响起了，混龄活动结束时间到了，小七和尧尧带着文文回到了班级。

"文文，你今天开心吗？"我蹲在她身边问道。"开心！"文文大声回答。

"为什么开心呀？"

"姐姐一直和我在一起。"

等孩子们都回班后，我问他们今天和姐姐玩得是否开心，他们全都说非常开心。

"姐姐一直跟着我，我很开心。"
"我说想去哪玩，姐姐就跟着我……"
文文说："我很开心，姐姐玩的游戏好玩，我一直和姐姐在一起。"

教师解读

对小班的文文来说，她今天混龄游戏的快乐来源于姐姐的陪伴。这两个姐姐对她非常友好，和她有语言的交流，且愿意和她商量着玩，也看出文文愿意接纳姐姐，能主动加入她们的游戏之中。

姐姐努力想出许多简单有趣的游戏，让妹妹参与其中，还帮助妹妹理解游戏规则，使得小班幼儿可以模仿大班幼儿的动作进行游戏，并通过不断努力尝试和坚持不懈地反复练习，终于获得与姐姐同样的成功，并为此而高兴。

由此可见，小班幼儿主动参与，融入姐姐们的圈子也是混龄游戏活动顺利开展的关键因素。

案例提供者：姜杨

3. "闭上你的乌鸦嘴"

案例背景

中正固定结伴的好友是优优和算算,一迪是优优同班的好友,因她大三班的哥哥今日没有入园,才选择加入了这个团队,组成了四人一组的混龄同伴。

幼儿信息

大三班幼儿:中正,男,2016年11月出生
中三班幼儿:优优,女,2018年3月出生
小三班幼儿:算算,男,2019年4月出生
中三班幼儿:一迪,女,2017年10月出生

观察实录

自由游戏开始了,中正快速在人群中找到了优优和算算。
"妹妹你想玩什么呀?"中正紧牵着优优的手询问她。
"我想拍球。"优优说。
"好的,我们拿球,弟弟你拍球吗?"中正追问弟弟。
算算点了点头,于是中正拿了两个球和一个圈分别递到了算算和优优手

上，他忽然发现因为优优拿着球没办法和自己牵手，就安排一迪拿着球，自己则牵着优优，让优优牵着算算，算算牵着一迪。

来到了三楼的平台，中正看见同伴将圈竖在中间，抛掷球穿过圈。"来来来，这个好玩。"中正立刻招呼同伴们来一同游戏。

玩了一会儿后，一迪提出了新的玩法："我们都把圈放在地上，一个人跳过来，一个人跳过去拿着沙包就这样一扔，就成功了。"

"什么意思？"中正似乎没听明白，问道。

"就是跳过圈来，拿着沙包一扔，再过去一个人一扔。"一迪又补充道。

优优将沙包抛到前方的圈里，然后跳进圈准备继续，只听一迪赶紧说："不对不对，不是这样的。做错了要受惩罚的，要一个一个圈跳，跳完扔沙包。"

优优赶紧从圈中走出来，双手紧紧捏着放在身前，紧张极了。这时，中正犹豫着问："是这样？"说着和优优面对面站在圈的两边，努力地按照一迪所说，先跳了三个圈，跳完以后扔出沙包。"对的。"一迪点点头说。

随后一迪又滔滔不绝地介绍自己想到的各种游戏的玩法和规则，有身体套圈、穿越投掷、跳跃投掷……过程中他还逐渐加入了惩罚方式。

游戏期间，算算一直抱着个球跑来跑去，但过一段时间就会回到哥哥姐姐的身边。每当算算跑回来时，一迪都会对算算说："你不要乱跑哦！就在这里和我们一起玩。不要跑到其他地方去。"算算没有说话。中正见此回过头去默默地拍了拍算算的后背，给予无声的安慰。

新的游戏又开始了，一迪将圈交叉并提出游戏规则："投中到我的圈里面来的就算成功。"当优优投掷时一迪将圈扶住不动，沙包顺利投进。而当中正投掷时，一迪将交叉的圈向后向内移动，导致中正投掷的沙包偏离了中心，沙包掉到了外面。见此情形，一迪立刻说："你输了，那么就要接受惩罚，手捏着鼻子自己旋转5圈，然后……"

话音未落，中正一边半蹲着身子捡沙包一边抬眼看着一迪："闭上你的乌鸦嘴！"严肃的表情和严厉的话语，顿时让四周的同伴陷入了沉默，一起看向我，可我并未吭声。短暂的几秒钟停顿后，他们继续开始了游戏。中正仍然抿着嘴巴，睁着大眼睛有点不安地望着我，见我并没有回应便又继续加入游戏。

回班后，我们对孩子们今天的游戏情况进行了回顾和反思："今天的游戏你玩得开心吗？有什么困难吗？你是怎么解决的？"中正用书写绘画表示和弟弟妹妹玩得都很开心。

"你们游戏中有遇到什么问题吗？"

中正低头思考了一会儿，默默抬起头轻轻地说："我说乌鸦嘴……"

"这是什么意思呀？"我问道。

"这个话不好听。"中正声音越说越小。

教师解读

中正非常关注弟弟妹妹的感受和想法，用大男生的贴心引导和照顾着弟弟妹妹，当游戏出现困难和妹妹无法操作时挺身而出。他用男孩子之间的默契无声地关照着他们，一直协调着游戏的开展。幼儿的游戏和操作包括问题的解决其实很多时候不需要成人的干预，幼儿之间有一套自己的解决方法。

男孩子的交往可能会更加直接和简单。案例中的中正对临时"强势"加入的一迪的反复"念叨"，一再忍让。可是当忍耐遭遇游戏不公平对待时，一声呵斥发泄出男子汉心中的不满和不情愿。此外，中正也很清楚自己的语言不文明，有些忐忑地看着老师。后期交流时他也意识到自己的语言的文明规范，相信当下的无意识的脱口而出只是情绪的简单发泄。

案例提供者：马潇潇

4. 别怕

案例背景

　　本次大带小体育活动，场地开放，材料丰富，满足各个年龄段幼儿的需求。幼儿可以有更多的机会选择自己喜欢的游戏，自发、内在地活动，也大大提高了参与度与积极性。

　　作为大班的姐姐，姗姗对于体育游戏活动材料、玩法也比较熟悉。

幼儿信息

大二班幼儿：姗姗，女，2014年12月出生

小二班幼儿：萌萌，女，2017年6月出生

观察实录

体育游戏刚开始，姗姗便询问萌萌的意见："妹妹，你想去哪里玩？"

萌萌说："我想去后面的操场玩，因为我们班就在那里。"

姗姗点了点头说："好的，那边有好多小班的游戏材料，正好你也能玩，我也都会。"说着两人手拉手一起来到了后面的操场。

在踩石头过小河时，萌萌不小心跌倒了，姗姗立马跑到萌萌的身边，把萌萌扶起来并带到了旁边，她一边帮萌萌轻轻地拍掉衣服上的灰尘，一边询问："妹妹，你疼不疼？有没有受伤？"萌萌摇了摇头。

姗姗笑着抱住她："妹妹，你真勇敢。你还想玩吗？"

萌萌立即摇了摇头："我有点害怕。"

"别怕，要不然你先看我玩一遍，我示范给你看。"说着，姗姗便开始踩上石块。

她一边示范，一边详细地讲解："你看！你的脚要踩在石块的中间，不要着急，一只脚踩稳了，另一只脚才能踩下一块。这样才能保证身体平衡，不会掉下来。"

萌萌仔细地看着姐姐的动作："姐姐，你真棒！"

"好了，你要不要试一试？"听到姐姐的询问，萌萌没有说话。

姗姗看出妹妹的犹豫："别怕，要不然我扶着你，你试一次。"在姗姗细心的搀扶下，萌萌顺利地通过了小河。

姗姗摸了摸萌萌的头："妹妹，你很棒！这次你要不要自己试一试？我在你后面保护你。"有了姐姐的鼓励，萌萌开心地点了点头。

萌萌一步一步地慢慢前进，姗姗在后面双手张开在萌萌身体两侧呈保护状态："加油！马上要到终点了。"

不一会儿，萌萌就到达终点了，她开心地跳了起来："耶！我通过小河了。姐姐，谢谢你，你真好！"姗姗听后也开心地笑了。

教师解读

"大带小、小促大"的体育活动形式，多层次性的游戏材料，让每个幼儿都能在宽松的游戏情境中自如地投入游戏，幼儿间相互学习，相互帮助，克服困难，共同成长。游戏全程，姗姗能够保护、照顾妹妹，去自我中心化，及时征求妹妹的意见，选择适合妹妹的游戏场地及项目。在面对妹妹不敢游戏时，姗姗通过亲身示范、搀扶帮助、独立尝试等层层递进的方法帮助妹妹克服困难。在互动方式上，除了言语鼓励外，姗姗也会通过抱抱双肩、摸摸头等身体接触方式去安抚妹妹情绪。示范和讲解游戏要点的过程中，我们可以看出姗姗对游戏材料很熟悉。她充当"小老师"的角色，传授自己的游戏经验，促使萌萌更深入地理解知识，牢固地掌握这项本领。一句"姐姐，谢谢你，你真好！"，姗姗得到了妹妹的肯定，也收获了自豪感和成长感。

　　从活动中可以看出在大带小体育活动中，大年龄段幼儿有一定的带动作用。从某种意义上讲，大年龄段幼儿自身已形成教育资源，为小年龄段幼儿树立榜样，小年龄段幼儿通过观察和模仿，拓展游戏经验，获得帮助和启发，在潜移默化中学到关爱互助、不怕困难等优良品质。大年龄段幼儿也能从中体验关心、帮助他人带来的乐趣，从而树立自信心和责任感。

案例提供者：沈文文

5. 你想玩什么

案例背景

依依是班级年龄最小的孩子,在班级中她与个别玩得好的幼儿交流较多,但是与平日接触不多的幼儿交流很少。因为依依个子小小的,所以平时老师和班级同伴都会对她比较关照。她主动参与体育活动的时间也比较少,一般在体育锻炼的活动中,她的选择范围不太大,习惯玩经常玩的熟悉的项目。

幼儿信息

大一班幼儿:依依,女,2015年8月出生

观察实录

混龄活动时,我负责篮球活动的照看。大班哥哥姐姐径直走来问我:"老师,我能打篮球吗?"一旁的弟弟妹妹却明显有些不知所措。

"可以呀,你们要带着弟弟妹妹一起哦,打球还是有一点点危险的,你们能保护好弟弟妹妹吗?"我答应的同时给大班哥哥姐姐提出小要求。

"可以可以!"大班幼儿连连答应。

随着加入的人越来越多，篮球场地也一改初期的冷清。依依带着她的小班妹妹来到篮球场也加入了进来。

随着比赛的深入与比分的胶着，大班幼儿的胜负欲被彻底点燃，就如同每天晨间锻炼一样，抢断、抢篮板、盖帽、运球、投篮……大家挥汗如雨地跑动不停。小班、中班的弟弟妹妹被彻底"扔在一边"无人管。能看出，中班的小朋友，尤其是小班的小朋友并不开心，有点想赶紧离开。

"你们不管弟弟妹妹啦？"我暂停比赛，决定用中场休息时间集中所有队员们商讨一下。

"再这样下去，弟弟妹妹可要离开你们了，他们完全没有参与到比赛中，一点意思都没有，还差点被球砸到。"

"那我们带着弟弟妹妹投那个矮的篮筐，一起得分吧。"依依指着较矮的篮筐说。

"我觉得可以，那就两个人组队，一起进球得分吧。"商量出规则，比赛继续。

依依十分努力地抢到球，努力拼搏的样子和她娇小的身材形成巨大的反差，抢到球了就赶紧送给妹妹。尽管这么努力，妹妹依旧很不开心，过了一会甚至都站在原地不动了。

"你要不要问问她怎么了，是不是不想玩篮球。"我看依依有点束手无策，给她出了个主意。

"你想玩篮球吗？"依依问她。妹妹摇了摇头。

"她不想玩。"依依转过身来跟我说，眼神里透露出不想离开篮球场的信息，我能读懂她的潜台词。

"那你觉得该怎么办？"我反问。依依依旧不说话。

"或者你去问问她想玩什么，你陪她一起去玩一会儿怎么样？"

"好吧……"虽有点不情愿，但她还是同意这个方法。

"你想玩什么？"依依问完后，妹妹指了指降落伞的方向。

"那我们去吧。"依依拉着妹妹一起去降落伞竞速跑的场地，依依很细心地帮助妹妹系好拴在腰间的绳子。见妹妹不愿意跑，依依自己拿起一个套好。

"邵老师！我们待会还回来哦！"依依起跑前念念不忘地对着篮球场喊一声，说完就和妹妹愉快地奔跑在跑道上。

"好的，你们玩完妹妹喜欢的项目后，可以再商量！"我回应依依。

教师解读

大带小运动很容易出现矛盾和冲突，幼儿间的意见不统一、材料的差异性等都是造成矛盾的因素。大班幼儿喜欢挑战，有胜负欲，因此他们更倾向于攀爬和投掷等挑战性、竞赛性项目。但往往这些项目都不是小班幼儿擅长和喜爱的。这时，就需要教师引导大班哥哥姐姐关注弟弟妹妹，保护和照顾他们。但是幼儿在活动中一旦完全投入进去就容易忘得一干二净。因此，出于原本目的以及活动安全，作为现场观察指导的教师，我们可以用修改规则与协商对话的方式来进行调整。篮球规则的改变促使幼儿进行"战术调整"，协商对话的方法给予了中小班幼儿关爱之心。

依依虽然升入大班，但在我们眼里还是一个"小不点"，我很惊讶于她那么拼命地抢球交给妹妹。一方面，她真的是有了作为姐姐的担当，想要护着自己的妹妹；另一方面，她也是想让妹妹能进球，获得成功感，从而对参与篮球活动有兴趣，这样她也能一直玩这个项目。但是妹妹对于如此剧烈的运动实在是产生不了兴趣。依依虽然不舍，但是经过一番思想斗争后，她还是接受了我给予的建议，暂时放下了投入的游戏，带着妹妹去玩她想玩的。

整个活动过程依依从一开始的不情愿转换为愿意，再升华为主动带领。可见，在大带小的混龄活动中，大班幼儿从心态到情感上有了积极转变。尊重他人的想法与照顾弱小的爱心在萌芽。我们鼓励幼儿间互相协商、互相迁就。"大的"带着"小的"玩了心愿项目后，也可以再次问问"小的"的意见，让"小的"再陪着去玩"大的"的心愿项目。通过这种方式，大班幼儿不仅有成长，小班幼儿也会获得超前的经验与对话解决问题的能力。

案例提供者：邵英聚

6. 我家的弟弟像天使

案例背景

睿睿性格文静内向，会照顾人，在同龄人中很会交往；她家里还有一位两岁多听她话的可爱的弟弟。阿虎是班级中相对顽皮的孩子，在家庭中父母拿他也没有办法。睿睿与阿虎从幼儿园第一次混龄活动就开始结对，两位幼儿互相熟悉。在前几次的混龄活动中，睿睿曾经向老师提出可不可以换一个弟弟。

幼儿信息

大三班幼儿：睿睿，女，2017年4月出生
小三班幼儿：阿虎，男，2019年8月出生
大三班幼儿：悠悠，女，2016年10月出生
中三班幼儿：安妮，女，2018年3月出生

观察实录

混龄活动开始了，睿睿并没有去找她的弟弟阿虎，而是和同班女孩子一起玩沙包，此时她们班的老师问她："睿睿，你的弟弟呢？"睿睿听到后站在

原地四处寻找弟弟的身影。

"哦，我看到了，他在那。"话未说完，睿睿就跑到了阿虎的身边，手上拿着沙包一言不发跟在阿虎的身后。

"我要去找老师。"阿虎拿着圈边下楼梯边自言自语，"我要下去找老师，我不在上面。"但是下了几级台阶后他停在了原地，转过身来看着睿睿。

睿睿并没有下去追阿虎，而是站在楼梯口对阿虎说："阿虎，不下去，快点上来。"

"好吧好吧，那我就上来吧。"阿虎边说边上楼梯，拿着圈在平台上跑起来。睿睿则站在原地看着阿虎。突然，阿虎不再绕圈跑，他调整了方向，又跑向了楼梯口。

"阿虎，阿虎，你不要下去了！"一直跟在阿虎身后的睿睿立即追了过去，这次她追着阿虎下了楼梯。

"我要去找老师。"阿虎停下步伐，回头对睿睿说。

"这上面这么多老师，你下去干吗？"睿睿指着平台对阿虎说。

阿虎听了睿睿的话并没有立马回来，只见他又慢慢地向下走了几级台阶。睿睿站在原地，也没有再继续说话，回头看了老师一眼。

这时阿虎自己上来了，边上楼梯边说："好吧好吧，我上来。"

阿虎一副"别看我，与我无关"的表情经过睿睿的身边，睿睿在楼梯口看着阿虎又在平台上跑了起来。她双臂下垂，耷拉着脑袋，用很小的声音说了一句："你到底要怎样！"声音虽小却充满了无奈和委屈。

阿虎跳到了平台上，继续拿着圈跑，睿睿仍然面无表情地跟着他。当阿虎又要向楼梯口跑的时候，睿睿、悠悠、安迪三个人将阿虎围在了墙边。

"阿虎，你不要再乱跑了。"悠悠提醒道。

安迪则开始拿圈套阿虎的头。终于，阿虎不耐烦了，他拿起手上的圈对着安迪打了过去。悠悠立即大叫："你不要打我妹妹！"

睿睿见状用身体挡在了安迪和阿虎之间，将阿虎身体转了过来面对自己。就在这时，阿虎拿起手上的圈打了睿睿一下，打完后立即向楼梯口跑去。睿睿来不及说话就追着阿虎，这次她仍然站在楼梯口，不同的是她的语气开始有点不耐烦，也不似之前那样温柔。

"上来！"阿虎听到后，立即转过身看着姐姐。"快上来！"阿虎看看睿睿又看看老师，慢慢地走上来。

这次上来后，阿虎没有拿圈在平台上跑了，而是玩起了跷跷板。睿睿也来到阿虎身边，坐下来和他一起玩起了跷跷板。两个人面对面，阿虎对着姐姐笑了笑，睿睿虽然只是回了一个浅浅的微笑，但是她仍然陪伴弟弟直到活动结束。

睿睿对老师说："我家里的弟弟就像天使一样。"

教师解读

睿睿和同伴以及家中弟弟的交往一直都是"顺风顺水"，当遇到不听话的小班弟弟阿虎时，她的内心是拒绝的。在与阿虎交往的过程中，睿睿起初对于阿虎的言语和背后的需求可能并未理解，因此，只是单纯地期望他能听从自己。其实，阿虎口中的"找老师"是找自己班的老师，而并非幼儿园任意一位老师，这也是刚上幼儿园的小班小朋友在缺乏安全感时最先想到的和最迫切需要的。因此，姐弟俩的认知水平不在一个层次，致使彼此的需求也不在一个共同点上，随之而来的就是两人之间因误解而造成的"不合"。虽然如此，我们也看到睿睿的责任意识，她知道要照顾阿虎，在阿虎受到其他同伴的"围攻"时，她用身体挡在前面，能承担起姐姐的责任；而当弟弟遇到自己感兴趣的跷跷板时，她也一直陪伴弟弟，这让阿虎在无形中感受到姐姐的关爱，也逐渐能"听姐姐话"。据班级老师反映，阿虎在混龄活动中的行为比和班级幼儿交往甚至集体活动中的表现好了很多，混龄活动对阿虎有一定的积极影响。

  从案例中不难看出大班幼儿在带小班幼儿游戏时，也是需要策略的，这就需要教师的引导。为此，每次混龄活动结束后的交流游戏过程、讨论问题解决方法等都能够推进幼儿在混龄活动中的交往，给幼儿提供支持性策略。

  同时，我们也要关注班级里那些相对比较"特殊"的弟弟妹妹，可以有意识地为他们安排固定结伴的哥哥姐姐，也可以鼓励每一位哥哥姐姐尝试去"带一带"，不断积累和及时调整混龄活动的策略。教师在后续活动中跟进观察，总结出更多的方法，拓展幼儿的经验与认知。

案例提供者：徐星航

7. 谁来告诉我孩子到底该怎么带

案例背景

月牙在班级中是小年龄的孩子，原则性强，不允许他人"侵占"自己的利益。作为大班的姐姐，她每次混龄活动时都会带着中班弟弟瓜瓜或小班妹妹呦呦一起玩。瓜瓜活泼爱动，和月牙一起玩的时候总是到处跑，月牙还因此弄丢过好几次瓜瓜，很是苦恼。瓜瓜一直很喜欢并崇拜月牙，每天入园时都要来看姐姐做操，直到被教师提醒才愿意离开，看到姐姐时也会开心地和她打招呼。呦呦独立性强，热情大方，语言表达流畅，会主动说出自己的想法，也很喜欢月牙，每次跟月牙玩的时候都紧紧跟着她。这次混龄活动是月牙第一次同时带弟弟和妹妹一起玩。

幼儿信息

小三班幼儿：呦呦，女，2018年10月出生
中三班幼儿：瓜瓜，男，2018年5月出生
大三班幼儿：月牙，女，2017年8月出生

观察实录

"现在，你们可以带上弟弟妹妹一起去玩想玩的运动器材啦。"老师的话音刚落，混龄自由活动就开始啦！

月牙轻轻站起，四处张望寻找弟弟妹妹的身影，瓜瓜和呦呦也边用手推开人群，边寻找月牙。

"姐姐。"呦呦先抓住了月牙的衣角，眼睛笑得弯弯的。月牙看了一眼妹妹，继续四处寻找着，直到瓜瓜出现在自己身边，月牙这才慢慢走到沙包的旁边，弯腰拿起一个沙包，径直往前走去。瓜瓜和呦呦也没说话，学着月牙的样子一人拿着一个沙包，两人的手都紧紧地抓住月牙的衣角，自顾自地玩着。

玩了不到一分钟，瓜瓜突然松开了抓住月牙的手，小跑着把沙包放回筐中，换了一个黄色的圈。

月牙一看瓜瓜跑走了，也小跑着紧随其后，嘴里还喊着"瓜瓜"，全然不顾呦呦愣在原地，只跟着瓜瓜的动作，也把手里的沙包放下，换成了一个圈。

瓜瓜见月牙跟过来了，两手拿着圈做开车状往前走，待月牙走到身边时，将圈套在了月牙身上。月牙嘴里一边说着"瓜瓜"，一边把圈从自己身上取下，跑着将圈放回原处，边跑还时不时回头看瓜瓜几眼。

瓜瓜也不在意，趁着月牙放圈的工夫，重新拿了一个球就往门外走。月牙立刻就要跟上瓜瓜的脚步，这时却一下子被呦呦抓住手并往瓜瓜的反方向拉。月牙也不看呦呦，身子朝瓜瓜的方向倾斜着走去，一只手臂指着瓜瓜，喊着"瓜瓜"，眉头皱成一团，脸都涨得有些许泛红。呦呦坚持拉了月牙一会，见姐姐始终不跟着自己走，便放开手自己玩去了。

月牙则立刻跟上瓜瓜的脚步，瓜瓜从大礼堂走到四楼平台，下楼走到后楼，又返回到大礼堂，月牙也不说话，小跑着跟着瓜瓜。

期间，瓜瓜随手就把圈推乱，一旁和月牙同班的小朋友双手叉腰对着月牙喊："月牙！你弟弟把我们的圈弄坏了！"月牙愣在原地看了一眼圈又看了一眼瓜瓜，也不说话，低头把圈摆整齐，又继续跟着瓜瓜。

瓜瓜边走边把其他人玩的圈全都捡起套在自己的手臂上，月牙就在一声声"瓜瓜！这不是我们的圈！"中，把圈从瓜瓜手中拿回来又放回原处。瓜瓜仍是笑眯眯地在幼儿园里到处走，月牙继续边跟着瓜瓜边收拾残局。月牙不断地喊瓜瓜的名字，两人没有任何交流。

活动快结束时，瓜瓜仍拿着圈自顾自地玩着。

我走到月牙旁边轻声问："月牙，你今天和弟弟妹妹玩得开心吗？"

月牙一屁股坐在地上，嘴巴往下撇："开心什么啊？弟弟跑，妹妹也跑，谁来告诉我，孩子到底该怎么带啊？"说完她爬起又继续追弟弟去了。

教师解读

面对活泼爱动、不受制约的弟弟，个性强、脾气大的月牙却把自己最温柔、耐心的一面展现给了他。之前班上的小朋友也就"弟弟总是跑，姐姐可以怎么办"这件事集中讨论过，给月牙出了很多好主意：追着弟弟跑、迎面拦着弟弟或者拿玩具吸引弟弟等。

最初月牙带弟弟时是着急地往地上一坐，毫无办法；在中班时因为弟弟到处跑很生气地打过弟弟的屁股，但在班级集体讨论时受到了同伴的集体"讨伐"，从此，月牙相较于用动作更愿意用语言提醒弟弟，更是开启了无限温柔的宠爱模式，主动帮弟弟收拾残局，不再责怪弟弟，无条件地听从弟弟的想法。在一次次的大带小活动中甘愿成为弟弟的影子，主动放弃自己游戏的机会，选择跟随弟弟，为弟弟收拾破坏他人游戏的残局。虽心里有些许

"怨言",但月牙的眼神和行为都时刻聚焦在弟弟身上,充分展现了作为姐姐的责任感。

但是,本次活动开始我们就看出了月牙的无奈和抉择,带一个瓜瓜已经消耗了月牙全部的精力,当要同时带弟弟和妹妹时,月牙将重心全部聚焦在瓜瓜身上,这也是一种无可奈何的选择。学期总结时,月牙特地写道:面对同时弟弟和妹妹自己不知道怎么办,下学期要继续努力。这能看出月牙在混龄活动中一带二有困难。带瓜瓜的过程中,月牙选择舍弃自己游戏的权利,成全弟弟,一次次的妥协,让我们看到了月牙不同的一面。

但是,小年龄的哥哥姐姐带弟弟妹妹的确存在很多困难,月牙虽受到集体研讨和同伴的影响和帮助,但在具体实施策略时仍需要教师的支持和帮助,教师不仅要通过反复讨论助其积累策略,还要在过程中给予适当指导。

案例提供者:刘缘

创造性游戏中的混龄活动

▽ 角色游戏
▽ 结构游戏

角色游戏

角色游戏是幼儿园日常活动中经常开展的游戏内容，也十分受幼儿喜欢。往常我们在开展角色游戏时，以班级中或班际间为组织形式，以单一教室内部或有限的外部环境为组织空间，因而同龄间的游戏交往、材料互动、经验分享更为密切。但是，年龄相似的幼儿在生活与角色的认知经验等方面趋于相近，小、中、大班幼儿分开各自游戏时，缺少更多经验差带来的学习机会。因此，我们在角色游戏中运用混龄模式，开展了全园性混龄角色游戏的实践。

全园性的混龄角色游戏允许小、中、大班幼儿自主结对，自由互动。主题场景分布在园内楼上楼下、室内室外的不同区域中。前操场分别设有警察局、消防局、医院、快递站、银行、超市等场所，后操场被划分为美食广场区域，有果汁店、蛋糕店、小吃店、公共交通等主题设置，室内走廊、礼堂设有娃娃家、电影院。教师将班级、园部原有的游戏材料先进行收集、筛选、整合、补充，然后做好标记，供全园幼儿游戏使用。

我们尝试打破年龄段及环境空间的壁垒，前期调动可利用的各类型游戏材料做准备，过程中激发幼儿间的游戏兴趣，引导其解决问题、发展经验，游戏后组织讨论，集体分享，再次调整。通过这样的混龄模式，我们能为幼儿角色游戏提供新支撑，带来新体验，让幼儿在混龄角色游戏中迸发新可能，获得学习的新机会。

1. 公交车"投诉"事件

案例背景

嘟嘟和二宝是两位平时不愿意和大年龄幼儿一起游戏的小班幼儿，混龄角色游戏中和同龄幼儿一起时情绪稳定，平时喜欢小车，喜欢玩公交车区域的角色游戏。阿遥是一位表达能力较强的大班幼儿，在公交车开始行驶时就有强烈的参与意愿，主动向司机表达自己要去的地方，知道到站下车，在前期有了几次乘坐该辆公交车的经验。

幼儿信息

大三班幼儿：阿遥，男，2014年12月出生

小一班幼儿：嘟嘟，男，2016年10月出生

小一班幼儿：二宝，男，2016年12月出生

观察实录

在一次全园性的角色游戏中，公交车区域迎来了嘟嘟和二宝两位小司机，他们两人合作搭好了车门和座椅，拿着方向盘坐在驾驶座上开心地玩着，陆

陆续续有乘客上车又下车，一副秩序井然的样子。突然，我听见有人在操场中间大喊了起来："我不坐这辆公交车了！太气人了，我要投诉！"

原来是阿逖，他一边在操场中间绕圈，一边自顾自生气："我要投诉！"可是两位小司机正在嬉笑着聊天，根本未把乘客的诉求放在眼里。阿逖见状瘪着嘴，拿着自己在美食广场刚买的果汁，站在公交车边皱着眉头，一时间，矛盾难以解决。

我想了想，迅速拿起旁边的平板电脑，坐在台阶处，变身为公交总站服务员，将台阶处的玻璃门化作服务窗口，与阿逖搭上了话。

"您好，我是公交总站的服务人员，请问您有什么问题呀？"

阿逖听到我说话，眼睛一亮，他连忙走到我面前说："我要投诉！"

我假装在平板电脑上进行记录："您要投诉谁呀？"

阿逖抓了抓头发，回头看了眼公交车，然后手指给我看："就是那辆公交车……11路公交车，我要投诉！"

"好的，请问您是哪里不满意呢？"

这下只见阿逖竖起三根手指头，有理有据地诉说起来："一共有三点。第一，这辆公交车半天不行驶，我去土壤研究所上班都快迟到了。第二，天气太热了，我让司机开空调他们却不开。"说着，阿逖又抹了把脸上的汗，然后继续说道："第三，两个司机竟然在前面抢方向盘玩，这也太危险了，我可不敢坐了！"

我用力点点头，说道："这位乘客，我能理解您的心情，您先不要生气，可以先去旁边的美食广场休息片刻，我现在就去11路公交车了解核实情况，一定会给您一个满意的答复！"

等我走到公交车边时，车上正好已经没有乘客了，于是我和司机沟通先暂停行驶。

"怎么啦？"嘟嘟和二宝都有些疑惑。

"是这样的,有一位乘客向我们公交总站投诉,反映了这辆公交车在行驶过程中的几个问题,我想向你们核实并了解一下情况。"

"啊?投诉?"嘟嘟和二宝对视了一眼,他们还不是特别明白这是什么意思,竟笑了起来。于是我又继续说道:"有乘客坐了这辆公交车以后觉得不满意,我们沟通一下,看看怎么解决,好吗?"

嘟嘟和二宝终于放下了手中争抢的方向盘,表情变得有些严肃起来,说:"那好吧……"

"首先,我想问一下,有乘客反映车子一直不开,导致他上班都快迟到了,有这样的情况吗?"

"啊?我在开呀……"嘟嘟有点疑惑。这时,站在附近默默关注着我们交流过程的阿遒连忙站近了一些说道:"半天才发动,开得太慢了呀!"

嘟嘟想了想说:"那我们在等其他乘客,怎么办呢?"

"公交车还是要按时发车,没有上车的乘客可以等下一辆。"我作为工作人员提出了一个小建议,嘟嘟表示同意。

"还有第二个问题,乘客反映车上没有开空调,有点热。"

嘟嘟挠了挠头,"我准备等下开的……"这时旁边的二宝做了一个"我知道了"的手势,说道:"那以后他们一上车我们就开空调,不就好了吗?"

"对呀,可以的!"两位小司机达成了共识,立刻笑了起来。

我对他们主动想办法解决问题的行为表示赞扬,接着又把最后一点提了出来:"乘客在车上看到你们在抢方向盘玩,这是真的吗?"

听到这句话,两位小司机都低下了头,显得有些不好意思。阿遒连忙在旁边补充道:"是的,我都不知道哪个是司机了!"

"我是司机。"嘟嘟说道。

"我也是司机啊。"二宝有些不高兴了。

"司机有很多个,但是他们是同时上岗开车的吗?能两个人一起开吗?"

我表示疑惑。

嘟嘟连忙摆摆手，说："不能的，只能一个人开。"

"那你们都是小司机，都需要工作，怎么办呢？"

二宝想了想，说："我们可以换着开，我开一会儿，然后再换他开。"

"这是个好主意，那什么时候交换呢？开车中途可以吗？"

两位小司机一齐向我摇手，说："不能不能。"

"要到终点站了再换，可以轮班。"旁边一位热心市民听了我们的话提出了自己的想法。

"可以，就这样办！"两位小司机高兴地握握手。

最后，在工作人员我的引导下，两位司机承认了错误，并设计了"轮班上岗"制度，达成了开空调的共识，乘客阿逯也十分满意处理结果，并赞赏了服务周到的公交总站工作人员。

"今天我要去土壤研究所上班！"阿逯把一包文件往手臂下一夹，重新刷卡上了车。在岗驾驶的嘟嘟点点头，伸出手来在驾驶位上按了几下按钮："好的，我已经开空调了哦！"

"出发啦！"

乘客与司机的脸上一齐笑开了花。

教师解读

由于不同年龄阶段幼儿游戏经验与水平的不同，处于同一主题游戏时，他们产生的需要可能就不同。案例中，小班的嘟嘟和二宝在做司机时，更多专注于角色本身的行为、动作，享受单一经验带来的乐趣，比如专注于拿方向盘开车的动作等，而大班幼儿阿逯在游戏时，会根据当下情境互动的需求，观察主题中其他角色的行为给自己带来的影响，例如要求"开空调"，质疑司机开车的安全性，提出要"投诉"等。

首先，混龄游戏中，有时候小年龄段幼儿游戏的不充分能够给予大年龄段幼儿游戏发挥的空间，引发其发现问题、解决问题的动机，增强其角色意识。同时，大年龄段幼儿更多游戏互动的需要，也会促进小年龄段幼儿游戏体验感的增加，在游戏的角色中获得更多参与感，丰富游戏经验。

其次，混龄游戏时由于幼儿经验水平不同，互动有时得不到有效回应，就容易产生问题。这些问题往往反映了幼儿真实的需求和游戏水平。教师在观察时可以选择适宜的时机及时进行角色的补充或示范，引导幼儿在情境中自主发现并解决这些问题。解决问题中互相交流的过程，能够调动幼儿已有经验，促进混龄间的交流互动，从而达到经验的补充与增长。

最后，教师的及时介入非常重要。在案例中教师以"工作人员"的身份及时介入，尝试打破大班与小班之间的交流"壁垒"，给予机会让乘客与司机有互相表达的空间，同时也是给幼儿示范合理表达的方式。教师没有任由阿遒站在操场中间"无处诉求"，和两位弟弟处于不同的游戏空间中自顾自地游戏。他们虽然有着各自的经验，但处于平行的空间中，互相无法得知对方的需求，也不能够推动经验的发展。而教师的介入就宛如两根天线中的一根至关重要的"连接线"，将大班的"驾轻就熟"和小班的"无知茫然"进行联结，将大班丰富的经验和小班单一的经验进行联结，促使双方相互碰撞，迸发出绚烂的交流火花。

案例提供者：吴海韵

2. 和姐姐一起过家家

案例背景

小班幼儿小七，在每次的活动中都很喜欢和大三班的润润姐姐一起玩，依赖姐姐、信任姐姐。大部分活动时，小七愿意听从姐姐的指令，时刻跟随姐姐。大班的润润也很有责任感，知道在活动中时刻和妹妹在一起，两人成了固定的游戏伙伴。

今天是本学期第一次开展混龄角色游戏，我们鼓励幼儿自由结伴，选择自己感兴趣的材料进行角色游戏。也许是彼此熟悉了，小七并没有另找同伴游戏，而是继续选择和润润一起玩过家家的游戏。

幼儿信息

小三班幼儿：小七，女，2017年7月出生
大三班幼儿：润润，女，2015年5月出生

观察实录

活动开始啦！小七和润润一起带着过家家的玩具来到了后楼操场游戏。

她俩一起跪在草地上玩玩具锅，玩具锅里放着各种小小的塑料蔬菜。小七拿着蔬菜搓一搓，似乎在洗菜，然后用手掌的侧面对着蔬菜切了几下。

这时，润润拿过玩具锅说："我来烧菜吧！"

小七把玩具蔬菜丢给了润润，抬头对我说："方老师，我想换一个玩！"

我笑着说："你跟你姐姐说，我做不了主！"

小七看看润润，没有吱声，默默地站了起来。润润见状，赶紧拉住小七："你要去哪里？你要走一定要告诉我，你不能自己走的！"

小七没理润润，向旁边挪了几步，站在了正在游戏的另外一组同伴旁边。润润追过来，再次说："你不能离开我，你要去哪里一定要告诉我！"

小七撇撇嘴，嘟囔着："我就看看，不走！"润润不依不饶："我说话，你听见了吗？"

小七轻声说："听见了！"润润又说："你把我刚刚说的话重复一遍！"

小七稍微提高了一点音量说："我听见了！"润润声音更大了一些："把我刚刚说的话重复一遍！"

小七对着润润使劲儿"哼"了一声，甩开润润就走了。润润见状赶紧收拾好刚刚玩的各种玩具，追了过去，边追边喊："生气了吗？妹妹别生气，我就是怕你丢！"

小七听到后慢慢停下了脚步，回过头冲着润润憨憨一笑，拉着润润重新坐在了地上："我们烧饭吧！"

就这样，两个小姐妹又和好如初了，带着她们的玩具还加入了另外一家的游戏呢！

> **教师解读**

　　这次的游戏中，因为材料偏少，两个小姐妹都没有太多过家家的经验，所以润润在游戏中对小七的关照较少，并且拿锅的动作剥夺了小七游戏的主导性，阻断了小七的游戏。在整个过家家过程中，润润并没有提出更多的游戏内容，没有分工，不能引导小七创造性地游戏。因此，小七产生了中途更换游戏的想法，却又不知道如何与润润沟通，又或者是因为之前所有的活动都是由润润发起的，所以小七不愿意主动提出更换游戏，这才使得小姐妹发生了误会。这让我们反思：教师需要丰富大班幼儿角色游戏的经验，指导大班幼儿学习创造性地带弟弟妹妹玩。当弟弟妹妹不会玩时思考有哪些策略可以支持游戏的继续开展，而不是抢夺弟弟妹妹正在做的"工作"，可以用协商的口吻、建议的语气，引导弟弟妹妹进行游戏。

　　当小七离开润润时，仅仅是想看看旁边一家是如何玩的，可是润润却理解成了小七准备离开，并且没有和她商量就要离开，这让润润既担心又生气，而小七爱搭不理的态度更是激怒了润润。同时，润润一声比一声高的"斥责"也让小七很不开心。面对这样的处境，小七选择的是赌气离开。而润润则迅速反思和调整，积极主动进行和解、道歉。此时的小七知道润润是为自己的安全着想，保护自己，因此，也接纳了润润的态度，调整自己的情绪，使得两个姐妹的关系有所缓解。这让我们反思：教师要在活动后的一次次集体讨论中让大班幼儿改变与弟弟妹妹交往时的语气态度，用平等的身份与弟弟妹妹共同游戏。

　　通过这个事件，我们看到小班幼儿在混龄活动中多数处于被动的状态，活动中被安排、被指导是常态。但随着活动次数的增多，小班幼儿也有了自己的想法，因此就需要主动与跨年龄段的姐姐沟通，这样的沟通方式对于他们是陌生的，是需要勇气和技巧的，而这些勇气和技巧恰恰是可以在这样的活动中习得的，可见这样的活动对小班幼儿的交往能力有着很大的促进作用。

  对于大班幼儿来说，他们不仅要带着弟弟妹妹游戏，还要承担很大的安全责任。这对于大班幼儿来说也是一个不小的挑战。因此，当小七准备离开自己时，润润表现出焦虑、强势的状态。但是，很可喜的是这位大班姐姐在发现妹妹不开心时能及时想出应对策略，调整两人之间的关系。可见，混龄活动也让大班幼儿增强了责任感，同时也学会了"察言观色"，不仅照顾妹妹的安全，还能关注妹妹的心情。这不正是未来社会对人社会性发展的要求吗？

案例提供者：方芳

3. 我已经很照顾她啦

案例背景

珊珊力求做好每件事，比较喜欢"掌控"安排。小九性格开朗，喜欢玩角色游戏，经验较为丰富。杰茜作为刚入园的小班妹妹，语言交流较少，愿意跟随姐姐们游戏。

幼儿信息

大二班幼儿：珊珊，女，2014年12月出生
中二班幼儿：小九，女，2016年2月出生
小二班幼儿：杰茜，女，2017年2月出生

观察实录

- 第一次混龄角色游戏

我介绍游戏后宣布："小朋友们，现在你们可以手牵手一起去玩角色游戏啦！"话音刚落，珊珊左手牵着小班的杰茜，右手朝着远处放椅子的小九妹妹使劲地挥着。

"你们想玩什么?"珊珊问道。

"我想玩小吃店。"小九说。

"好。"珊珊边说边拉着妹妹们朝着后操场跑去。妹妹们被珊珊风风火火地带到了后操场,还好小吃店还有空位。

"穿上围裙和戴上帽子。"珊珊边说边给妹妹穿好围裙、戴好帽子。

"你当服务员。"珊珊指着桌子边对着杰茜说。杰茜懵懂地站在桌子边。

"你帮我做菜。"珊珊又对小九说。

"好。"小九笑嘻嘻地和珊珊一起坐在了小吃店的厨房里。

随着越来越多的人来到后操场,小吃店热闹起来,顾客也越来越多。珊珊一个人把活儿都干了,在厨房里忙得团团转,小九在一边插不上手。这时小九看做好的菜放在一边,却没有人上菜,便离开厨房把菜送给了客人。

"那个菜不是他的!"珊珊边做菜边朝着小九喊道。

小九被顾客团团围住想要点单,似乎没有听到珊珊的呼喊。

活动结束后我问珊珊:"今天玩得怎么样?"

"我都带妹妹玩她想玩的了,但是妹妹很不听话。"珊珊气呼呼地双手抱臂说道。

"妹妹怎么不听话了?"我追问。

"妹妹把我做好的菜随便给客人,我叫她在厨房帮忙,她却到处乱跑。"珊珊噼里啪啦地向我倾诉。

我试着引导:"那是不是妹妹在厨房没有事做呢?"

珊珊听后沉默,委屈地说道:"可是,是她说要玩小吃店的,我已经很照顾她啦!"

珊珊觉得照顾妹妹就是帮她们安排好玩想玩的游戏。看来我有必要和孩子们讨论一下照顾的意义。

游戏结束后,我组织孩子们就"什么是照顾"进行了集体讨论。

"你们觉得怎样才能把弟弟妹妹照顾好？"我问道。

一些孩子的答案是帮弟弟妹妹拿玩具、拿水杯，就是照顾好弟弟妹妹。

这时诺诺说："问问弟弟妹妹想玩什么，找一个大家都想玩的。"

我觉得诺诺对照顾有着突破性的认识，连忙引导孩子们回顾诺诺的观点。"诺诺对照顾的认识有点不一样，为什么呢？"

"要问弟弟妹妹想玩什么。"小贝重复道。

"是的，诺诺提出的观点非常有意义，照顾不是包办弟弟妹妹的事情，把他们安排好，而是要尊重弟弟妹妹的想法，问一问他们的意见。"我边总结边看向珊珊，珊珊若有所思。

"只是询问弟弟妹妹要玩的游戏，带他们去玩就是照顾吗？"我问道。

孩子们似乎被难住了，教室里陷入了沉默。"是不是还要具体问问他们喜欢什么样的玩法，就像你和朋友玩的时候一样，要不要商量一下？"

全班异口同声地回答："是的。"

集体讨论结束，运动时间到了，珊珊拿着跳绳跑到我的身边。

我问道："你下次想和妹妹们怎么玩呀？要妹妹们完全听你的吗？"

珊珊一把把我扯下来，对着我耳边压低声音说道："不会了，我要和妹妹们商量怎么玩游戏。"

"怎么商量呢？"我抛出了问题。

珊珊听着露出了明朗的笑："问问妹妹们想当什么角色，不要帮她们做选择。遇到问题可以问问她们，一起商量解决。"

我点点头："嗯，下次试试你的新方法吧。"

● 第二次混龄角色游戏

珊珊首先询问了妹妹们的想法，她们依然选择了小吃店。这一次珊珊没有再安排妹妹们的工作，也没有再帮妹妹们穿围裙，而是问："你们想当什么？"

杰茜小声说道："我想去买菜。"

珊珊说:"好的,你去超市采购。"

小九说:"我要当收银员。"边说边坐在了收银机后面。

珊珊说:"好的,那我继续去厨房做菜。"

珊珊走进厨房发现什么菜都没有,对着杰茜说:"妹妹,你去超市帮我买玉米、饺子还有青菜,好吗?"

杰茜听了拎着菜篮子来到超市买了好多的菜,递给珊珊。

"哇,妹妹你真棒!买了好多菜,还有鸡蛋,刚好我能用上。"珊珊夸道。

杰茜听后没有多说话,微微上扬了嘴角。

小九不断地开出"订单"送往珊珊所在的厨房,她们各司其职,忙得不亦乐乎。

活动结束了,她们意犹未尽地收拾材料,我问珊珊:"你今天和妹妹们玩得怎么样?"

"我们像朋友一样。"珊珊回答道。

教师解读

年长的幼儿表现出强烈的社会责任感,想要照顾弟弟妹妹,包括教师在内也认为照顾是一种帮助行为,但是大家并没有意识到照顾的定义对于每个幼儿来说并不相同。对于珊珊来说,"照顾"就是带妹妹玩喜欢的游戏,所以第一次游戏时珊珊感到委屈,明明已经很照顾妹妹了,可为什么妹妹还是不满意呢?经过集体讨论"照顾"的含义,珊珊对"照顾"一词开始有所思考。第二次游戏时,珊珊对"照顾"有了更新的理解,照顾方法开始转变,和妹妹像朋友一样进行游戏。从委屈到有所思考,再到转变,珊珊对于"照顾"的含义在不断地更新,教师也对"照顾"有了更深入的解读,明晰"照顾"

并不是一味地谦让，也不是专制地命令，而是和平地协商、朋友般地相处。

通过两次游戏，平等的重要性不言而喻。虽然是大带小活动，弟弟妹妹的建议也很重要，年长的幼儿要学会倾听和尊重弟弟妹妹的心声，用心去沟通。从案例中可见，第一次游戏时珊珊拥有更多的知识和经验，想要掌控全局，无法接受预料之外的事情发生。通过教师的引导，珊珊与妹妹们的关系从垂直关系向水平关系转变，由开始命令的口吻帮妹妹们选择角色变为与妹妹们商量，询问妹妹们的意见。她转变了自己的角色，放低了姿态，把妹妹们当好朋友一样自由、互惠、平等地对待，并真切地体会到，妹妹们的建议也很重要，发自内心地尊重她们。

角色游戏来源于社会，是幼儿创造性地扮演角色，表现自身生活体验的一种游戏。因此幼儿在游戏中扮演着什么样的角色，一定有迹可循。教师作为幼儿的参照对象，更是有着引领和示范的作用，待人处事的方式会潜移默化地影响幼儿。教师对于照顾不应该先入为主，局限于固有的理解，而是应与幼儿平等地讨论，接纳他们的想法，丰富对照顾的认识，获得更开阔的思路。在幼儿游戏遇到问题时，教师首先要理解他们的委屈和困难，站在幼儿的角度思考问题，听听幼儿的困惑，给予幼儿有效的支持策略，学习换位思考，与幼儿平等相处。

案例提供者：孙可欣

4. 超市收银员

案例背景

最近几次的混龄活动一直围绕角色游戏展开。在角色游戏中超市一直是比较受欢迎的主题之一，收银员这个职位更是抢手，不管是大班、中班还是小班幼儿都希望能来体验收银员的角色，经验的传递、学习的过程也就在这一次次的体验中自然而然地产生了。

幼儿信息

中二班幼儿：小宇，男，2017年2月出生
小一班幼儿：小柏，女，2018年3月出生

观察实录

● 银行卡的秘密

今天角色游戏刚开始，小宇就坚持自己要当收银员，大班的哥哥只能陪着他在旁边当起了理货员。

"你有没有会员卡，会员号是几号啊？"小宇的收银员当得是有模有样。

"我这个多少钱？刷卡！"又一名顾客来买单，直接掏出银行卡。

小宇拿起银行卡"嘀"地刷了一下就顺手把卡放进了自己的收银箱里，还满脸骄傲地对旁边的哥哥说："现在已经有4张卡了。"顾客见收银好像结束了也没有任何异议拿起购买的商品就走了，似乎没有人发现刷完的银行卡应该还给顾客。

没过一会儿一名大班的顾客前来购买商品，一样的问价、刷卡，大班的哥哥拿起卡和购买的材料就准备离开……

"我的卡呢？你怎么拿走啦？"小宇一脸懵。大班的哥哥说道："这是我的银行卡，付完钱你就得把卡还给我啊！"

直到此时小宇似乎才明白，银行卡刷完是要还给顾客的。

"下一个！"接下来的收银就看到小宇不停地刷卡，每次刷完都不会忘记把卡还给顾客，再也不提自己有几张卡了。

● 4块钱的商品

小班的弟弟妹妹看到收银台也总是会被吸引，小柏也被吸引来"应聘"成为超市的收银员。只看见顾客走过来拿起一大堆商品要买单，小柏像模像样地一个个拿起来扫码："4块、4块、4块……"

但凡扫过的商品都是4块钱，最后的总价格也是4块钱。

"你好，我来买单！"大二班的琪琪拎着一筐商品要买单，收银员小柏拿着一个个货物依然还是"4块、4块……"

琪琪听不下去了，直接说着："5块、6块、7块……一共23块，支付宝扫一下——嘀，我走了。"

小柏拿着扫码枪都愣住了，直至下一位客人来才反应过来，原来不是所有的商品都是4块钱啊，它们是有不同的价格的！

教师解读

游戏是幼儿的基本活动，是幼儿在幼儿园的生活，是幼儿最放松最自然的状态。也正是在这样自然真实的游戏情境中，分享、交流、学习也自然而然地产生了。每位幼儿的教育背景、生活环境都不尽相同，这样的背景也造就了每位幼儿的游戏经验的不同，即使是不同年龄段的幼儿对于同一游戏的经验也会互相启发、互相学习。

正如中班的小宇对于超市收银有大量的会员卡的经验，他能根据自身的经验通过与顾客之间的对话丰富不同年龄的顾客关于会员卡的认知，然而对于银行卡使用的经验就不如大班的幼儿，当大班幼儿提出异议时才发现银行卡在超市使用后是需要还给顾客的，它和会员卡是不一样的。小班幼儿在收银游戏时也有自己的经验，也受自身对数概念认知的限制，在收银时下意识地都收4块，当用这样的方式在班级中进行游戏时同年龄的幼儿没有质疑，然而在与中大班幼儿进行混龄游戏时却一下就遭到了"反驳"，这样的冲突也使得小班的幼儿意识到并不是所有物品都是4块。

这些问题在同班角色游戏中极少出现，但在混龄游戏中却自然而然地出现了，同时又在简单的交流中自然而然地解决了。虽然过程看似简短，却是幼儿之间经验的分享、观念的冲击、真正的学习。

案例提供者：蒋娇娇

结构游戏

结构游戏作为游戏的一种基本形式,对幼儿肌肉发展、空间感知、社会交往及语言表达等方面都有着促进作用。结合结构游戏的积极价值和幼儿的兴趣,教师打破年龄和空间的限制,提供各种结构材料,如大型雪花片、磁力棒、球棍、吸管积木等,创设大带小结构游戏的情境。

在空间及材料充足的基础上,哥哥姐姐带着弟弟妹妹自由选择游戏场地和游戏材料,不同年龄段的幼儿搭建水平不同,社会交往能力也不同,在共同搭建的过程中,由于问题的不断产生,哥哥姐姐逐渐增加对弟弟妹妹的责任感和解决问题的能力,积累带弟弟妹妹的经验,弟弟妹妹也在观察模仿中潜移默化地习得哥哥姐姐的建构技能和良好品质,促使不同年龄阶段的幼儿在建构水平和社会交往等方面得到不同程度的提升,大家相互促进,共同成长。

1. 和哥哥一起搭建

案例背景

小核桃、响响和祺祺是固定的大带小结伴组合。一次大带小游戏结束后，祺祺弟弟一手提着凳子一手拿着水杯朝教室走去，而小核桃哥哥两手空空地走在前面，时不时地回头催祺祺快点。老师本以为祺祺会在回班讨论中"控诉"哥哥"欺负"自己，可却没有，这让老师产生了好奇：这一组混龄小朋友到底是如何相处和游戏的？小核桃哥哥真的"欺负"弟弟吗？是不是有什么误解？

结构游戏十分受男孩子喜欢，平时在班级，祺祺、响响和小核桃经常选择在结构区进行搭建，尤其是祺祺和响响，总愿意主动和别人分享自己的作品。

幼儿信息

大三班幼儿：小核桃，男，2015年5月出生

中三班幼儿：响响，男，2016年8月出生

小三班幼儿：祺祺，男，2017年4月出生

观察实录

　　老师介绍完结构游戏材料后，响响指着左边的雪花片说："我们玩这个吧。"祺祺和小核桃点点头，三个人一同走向了雪花片筐。小核桃将手里的雪花片插好后，看见祺祺拿着雪花片正准备插，一句话没有说，便将祺祺手里的雪花片拿来继续插。

　　祺祺看了一眼小核桃，没有说话，起身一蹦一跳地去筐里拿了两个雪花片，插好后放在小核桃旁边，说："核桃哥哥，给你！"

　　看着小核桃拿起雪花片，祺祺开心地咧开嘴，又问道："核桃哥哥，你还要什么？"

　　小核桃专心地搭着，头也没抬，说："再给我拿一个。"

　　祺祺点点头，转身朝着雪花片筐走去。突然听到"啊"的一声，原来是祺祺踩到地上的雪花片滑倒了。小核桃听到后立即停下手里的动作把祺祺扶起来，听见弟弟一直说"没关系"，小核桃才转身继续投入到搭建中。

　　很快底座就搭好了，当响响和祺祺在底座插上雪花片后，小核桃总会拔下来再在原来的位置重新插上去。两个弟弟在一旁看着，什么话都没有说。

　　雪花片越搭越高，一旁的响响踮起脚尖想把雪花片插上，试了一会儿没成功。

　　小核桃拿起响响手里的雪花片，说："我来吧。"

　　响响念叨了一句："哎，我还不够高。"他便在旁边举起双手，做"加油状"，说道："小核桃哥哥加油！""小核桃哥哥小心啊！"

　　很快小核桃成功地将雪花片插上，响响开心地欢呼起来："搭高楼喽，好高呀！小核桃哥哥你真厉害！"

　　祺祺看着比自己还要高的雪花片，大声说道："怎么这么高，塌了怎么办？"

　　响响听到后准备拔掉上面的几个雪花片，小核桃赶紧拉着响响说："别拆呀！"说完，不断将相邻的两个雪花片用力插插紧。一旁的响响也学着对雪花片作品进行加固，可是都被小核桃制止了。于是，响响拖来一筐雪花片，说道："我在旁边搭一个别的！"说完，他便开始搭建起来。

小核桃一边给祺祺介绍搭建的火箭发射台，一边尝试给发射台加固，突然看到了响响在一旁搭的作品，说："响响，我们把它架在一起吧，这样就更像火箭发射台了。"

说完，两个人把作品推到一起，小核桃尝试将两个作品连接在一起，而响响继续往上插雪花片。看到小核桃将作品连接成功，响响开心地大声说道："你真聪明，小核桃哥哥，你怎么想到这个啦？"祺祺也在一旁竖起大拇指说："核桃哥哥，这个搭法真好玩。"三个人手舞足蹈地演示着火箭发射。

回到班级，老师又单独对祺祺做了访谈。

"你喜欢和哥哥一起游戏吗？为什么呀？"

祺祺说："我喜欢和哥哥一起游戏，我想去哪哥哥就带我去哪，小核桃哥哥更照顾我，不会把我弄丢。今天我们还搭了火箭发射台，小核桃哥哥可厉害了，搭得特别高，都没倒下来。"

"小核桃哥哥总拿你手上的雪花片，你会不开心吗？"

祺祺说："没有啊，我本来就是想拿给哥哥的。"

"那你插好的雪花片，哥哥为什么拆了重新插呀？"

祺祺说："因为哥哥怕我插错了，插得不牢固。"

教师解读

通过这次观察，我们能看出小核桃虽然不善于表达，但时刻关注着弟弟们。他看到祺祺摔倒时赶紧去扶，有关心和照顾弟弟的责任意识。在游戏过程中，当响响因为身高限制够不着而苦恼时，他会主动提出帮助；当祺祺因为作品太高而担心时，他也会想办法消除弟弟的顾虑，不断尝试解决弟弟遇到的问题。作为大班的哥哥，小核桃有较高的搭建技能，总能够解决搭建中遇到的技术难题。弟弟们搭的部分小核桃会取下来再插回原来的位置上，尊重弟弟们想法的同时，也对作品进行加固。虽然没有计划和商量，但他将祺祺送来的雪花片都用上，主动和响响的作品连在一起进行整合，使得最后的成品是大家共同搭建出来的，让弟弟们体验搭建的成就感，从中也看到小核桃的合作精神和智慧。

从游戏中的观察和游戏后的访谈可以看出，小核桃的搭建技能强，得到了弟弟们的认同，因为哥哥很厉害，做的事情都是有原因的，所以很多在成人看来强势的行为，弟弟们都是接纳并理解的，愿意主动配合，给哥哥做辅助。而小核桃的话虽然不多，却一直用行动帮助弟弟们解决很多问题，收获了弟弟们的崇拜，这也体现了男生之间的交往不仅是靠语言上的沟通和交流，更多的是靠实力说话。

在游戏过程中，小核桃一直拿弟弟们手里的雪花片，并将弟弟们的雪花片拆下重新插，从成人的视角来看，哥哥的这个做法是"不对"的。但是游戏过程中老师并没有介入，而是在游戏后通过谈话了解幼儿的想法，出乎意料的是，弟弟们认为哥哥的行为是有原因的，并没有觉得不高兴，可见幼儿对于人际交往和同伴关系有自己的评定标准，成人无须有太多的焦虑，担心幼儿在和同伴相处中被"欺负"，反而容易以自己的经验和社会化规范来理解并介入幼儿的交往行为，不能真正了解幼儿内心的精神需求。因此，不要以成人的眼光看待"欺负"。在大带小活动中成人要学会放手，多给幼儿创造和同伴玩耍、交往的机会，让幼儿在精神上产生与人同乐的幸福感，在体验和历练中解决问题、获得经验、自由成长。

案例提供者：徐绿

2. 小屋历险记

案例背景

"我的弟弟很可爱,他会带我骑小车兜风!"提起王子,依依总是甜甜一笑,相识两年有余,两人多在角色游戏、外出远足中有过互动,彼此已建立起深厚的友谊,性格大大咧咧的王子也时常逗得人哭笑不得。

本次结构游戏是姐弟俩的初次合作,王子对结构游戏兴趣浓厚,身为班级大月龄的依依在搭建时也颇有思考,大型雪花片、吸管积木、磁力棒、插珠四种材料为开放的搭建场所提供无限可能,双方会碰撞出怎样的火花呢?

幼儿信息

中一班幼儿:王子,男,2016年1月出生

大一班幼儿:依依,女,2014年10月出生

📝 观察实录

依依牵着王子的手,两人环顾四周兜了一圈,琳琅满目的材料让姐弟俩兴奋不已,一番小声交谈后两人选择了插珠。王子虽为弟弟,个头却与姐姐一般高,肉嘟嘟的小脸上总是笑意盈盈,他双手一提便将一筐插珠搬到空地,说:"依依,我们到这里搭吧!"

"王子,我们搭什么呢?"

只见王子熟练地搭建起底座,随着距离的不断增加,王子所处的位置离材料筐越来越远,"依依,我想搭一个大大的房子!"他边说边比画着。

"哦!王子,我觉得这个房子太长了,它会站不稳。"

"好吧,我们把它变短一点,怎么样?"

"1、2、3、4,现在是四节,变成两节,王子你觉得呢?"王子欣然接受了依依的提议,开始调整房子的底座。

"依依你看!"

"很棒!"依依竖起了大拇指,又将身旁的插棒递给远处的王子,一来一往两人合作十分愉快。

"呀!"王子敏捷地扶住房子的一角,眼见另一边也快要倒下,便说:"依依帮我一下。"一旁的依依正翻弄着材料筐找材料,并未听到王子的求助。

待依依回过神来,处在完善中的一层楼房已基本坍塌。"依依,我来修补这边!"王子暖心的一句话打破了这一沉寂的场面。

"我来调整房子的底座!"依依说道。

两人共同对坍塌的房子进行修补,但初次尝试并不顺利。"怎么插不进去呢?"依依小声嘀咕着。

"我来试试!"王子接过依依手上的插棒,一下、两下……在多次努力后终于将插棒插进球里。"我的力气大,哈哈哈!"王子说道。

"哇！"依依向王子投来崇拜的目光，王子正低着头偷着乐呢！

正当姐弟俩进行第二层搭建时，底座的一角又出现松动，塌陷现象越发严重，房子瞬间向一边倾斜，王子敏锐地发现了情况并喊道："依依，帮我扶一下倒掉的地方。"依依赶忙上前双手托住还未松动的部分，王子开始对房子底座逐一检查。

"哎呀！"第一层楼房彻底坍塌，王子仍在卖力地修补，着急的神情映入了依依的眼里。突然，依依起身离开了。

"依依？"王子转身望向依依，竟不知所措。

"我总是搭不好，我还是来搭个小朋友吧，这个家里需要有人呀。"依依有些沮丧，低着头摆弄起材料。

"依依，那我继续去搭房子，你在这里搭人吧！"

得到王子的肯定后，依依紧皱的眉头舒展开了，姐弟俩各自努力着，小屋在经历一番波折之后终于矗立在教室一侧，此刻温暖的小屋已经有三位小主人喽，他们是：王子、依依和小布！

教师解读

本次结构游戏两名幼儿采取合作方式，搭建过程中的情绪配合也是一次成长的契机。房屋坍塌、修补失败、搭建想法不同等问题的出现，令整场混龄游戏的情绪状态跌宕起伏，无论是王子处于主导地位安排依依进行搭建，或是依依在困难时的小声嘀咕，双方均保持接纳态度，并未出现抵触情绪，这源于双方前期的情感基础所形成的默契与理解。混龄游戏提供的自然教育环境给予幼儿更多元化的交往机会，促使幼儿感受并适应来自角色、心理状态和沟通方式不同所带来的变化，并非每次混龄游戏中幼儿都是相互接纳的，只有在不断磨合、沟通中方能成长，情感基础的建立为混龄游戏的持续开展提供了有力保障。

案例中，我们能看出王子在向依依求助时，从"依依帮我一下"到"依依，帮我扶一下倒掉的地方"，语言表达逐渐准确，使得姐姐能够清晰明确地发现问题所在，从而提供及时的支援。可见，完整、准确的表述便于他人明确你的需求，日常生活中教师需要帮助幼儿建立基本语法结构和句型，引导幼儿准确表述自己的真正需求。

教师作为观察者应当学会耐心等待，为幼儿营造真实的混龄交往环境，不应急于采用语言、动作直接解决"危机事件"，不妨去看看幼儿之间会如何处理，促进其在同伴中获得情感寄托，积累解决问题的经验。王子在搭建时运用多种技能，建构房屋方面水平高于依依，但游戏中双方经验得以互补，王子的两层房屋令依依眼前一亮，依依搭建的人物造型给予王子游戏情节的启发。王子年龄虽小，但一定的情感基础让双方一个眼神、一句问候也能心生欢喜，让难以依靠自身力量解决问题而自责的依依重燃自信！依依的鼓励引导、王子的关心信任，让深陷重重困难的姐弟俩在相互鼓励中互相成就。不同年龄幼儿之间的交往状态会与日常班级中的表现有所出入，也使得观察者对幼儿有了更加立体的认识。

案例提供者：季星廷

第二部分

班级混龄活动

大手牵小手，陪伴一整天

1. 晨间入园："小帽子"行动

新学期开始，我们在以往片段的、固定环节混龄的基础上，开始尝试寻找更加符合小班幼儿真实需求、贴近大班幼儿生活经验的混龄模式。我们思考入园初期什么时间段、什么样的混龄模式是小班幼儿真正需要的；什么样的混龄模式对大班幼儿精神负担、操作负担相对较低；如何混龄能让大班和小班幼儿都有成就感和愉悦体验。于是，我们有了"大手牵小手，陪伴一整天"的系列活动。

从小班幼儿入园第一天，我们就开始了半日活动的混龄。晨间一入园，大班老师和幼儿进行了交流，帮助其明确入园第一天作为哥哥姐姐怎么找到弟弟妹妹，给弟弟妹妹什么样的帮助，半日活动中的每个环节需要注意什么。在半日活动的混龄后，我们发现入园初期的混龄对于小班的弟弟妹妹非常有帮助，不熟悉幼儿园生活的他们，能够在哥哥姐姐的帮助下快速找到班级的位置，了解一日生活的流程，缓解对新环境的焦虑。对于大班的哥哥姐姐来说，因为对幼儿园生活比较熟悉，生活经验比较丰富，所以在带领弟弟妹妹的过程中难度较低，这样的混龄对于双方都能有积极的体验和感受。因此，我们又开始下一步的尝试，在小班幼儿入园适应的两个星期中，在各个生活环节中尝试混龄，如：喝水环节、吃饭环节、午睡环节等。

小班幼儿入园两个星期后，情绪已经相对稳定，我们开展了"小帽子"行动，每天早晨在入园时间由大班的值日生担任当天的接送志愿者，将相应的小班的弟弟妹妹安全护送到班级。同时为了便于小班教师、小班的弟弟妹妹明确找到今天的志愿者，每位志愿者都会戴上一顶小帽子作为标记，这就是我们的"小帽子"行动。

（1）"问题"弟弟

案例背景

谦谦一直是一个安静内敛的小女生，平时在和班级同伴游戏时也很难听到她大声表达自己的情感。自从进入大班，每次的大带小活动她也都安安静静、认真负责地去带领弟弟妹妹。

幼儿信息

大一班幼儿：谦谦，女，2017年1月出生

观察实录

今天轮到谦谦当"小帽子"行动队的志愿者，接送弟弟妹妹回教室。戴上志愿者的帽子，谦谦积极主动去询问小班的一位小朋友："你是哪个班的啊？"问完她还细心地牵着他的手一路护送，边走边聊着。

接送小班的10分钟很快就过去了，在大班哥哥姐姐的护送下，小班的弟弟妹妹也都回到了教室。

谦谦刚回到教室就迫不及待地走到我面前，分享道："蒋老师，你知道吗？我有一个'问题'弟弟。"听完我满脸疑惑，问道："什么'问题'弟弟？"

"我刚刚送他回班，他问了我好多问题。"

"真的啊？那他都问了什么问题？"

"他问我,路上都是什么树?为什么下雨滑梯也会湿?"

谦谦兴致勃勃地向我介绍着,侃侃而谈的谦谦显得很自信。

"那弟弟的这些问题你都会回答吗?"

"有些我也不知道,我就跟他说可能是什么树。"说完谦谦就笑嘻嘻地去玩了。

教师解读

谦谦平时可不是一个擅于主动沟通和交流的小朋友,从她愿意主动去询问小班弟弟妹妹,不难看出她很愿意做这件事。短短的 10 分钟,谦谦感受到了作为大班姐姐被需要的情感,这让平时不善言辞的她感到了前所未有的自信,这自信来源于小班弟弟对大班姐姐的信任,来源于在弟弟心中姐姐就是无所不知、无所不晓的。

平日在班级里与同伴交往的过程中,大家年龄相当、经验相当,让本身内向的谦谦少了很多展示自我的机会。但是,在与小班幼儿的交流过程中,弟弟理所当然地觉得谦谦姐姐就是"百科全书",谦谦也觉得自身的知识经验远远超过弟弟,所以才会在弟弟有问题时努力调动已有经验去回答,也让她在与弟弟的互动中,获得更多自信,这些经验是在同龄孩子的交往中难以获得的。

案例提供者:蒋娇娇

（2）大手拉小手 小手拉大手

案例背景

康康在班上是一位自理能力强的大年龄男孩，平时情绪良好，参与新活动非常积极，在班上有固定的玩伴，但有时候会缺少一些解决交往问题的策略。

幼儿信息

大一班幼儿：康康，男，2016年12月出生

观察实录

- 大手拉小手

小班的小朋友开始入园了，康康与其他几位小伙伴一起站在幼儿园门口，迎接小一班的弟弟妹妹们。

这是大班第一次的"小帽子"行动，作为大一班第一批接弟弟妹妹的小朋友，虽然清楚了自己的任务，但当康康来到了晨检桌边，与已经来了的几位有点"迷茫"的弟弟妹妹"大眼瞪小眼"时，一下子不知道要做些什么。

旁边的老师提醒道："几位哥哥，谁送这个弟弟回班呀？"

其他几位男孩子都看着老师，一时间却没有人主动给出回应。这时，只

见康康默默向前走了两步，主动伸出手，牵起面前弟弟的小手，然后便往小一班教室的方向走去。

我连忙跟上去，看见康康的头昂得高高的，小帽子下的脸早已洋溢着喜悦，他的嘴抿成一道弯弯的月牙，忍不住在笑呢！

我连忙向他竖起大拇指："你是第一个主动送弟弟的哥哥，太棒啦！"

● 小手拉大手

"小帽子"行动持续了几周，康康早已经熟悉了弟弟妹妹和他们班级的位置，对于这个活动的内容十分了解。他现在接弟弟妹妹时，牵起小手就走，没有一丝犹豫，可是一开始满满的热情和新鲜感却肉眼可见地慢慢消失……

"老师，结束了吗？"康康刚送完一个弟弟回班，他向我奔跑过来，仰起头，帽子下的脸蛋已经不复往日喜悦，而是皱巴巴地拧成一团，额头上还冒着辛苦的汗水。我刚想回复他，只见一个妹妹正好入园，正在晨检。

"康康，来送妹妹回班好不好呀？"保健老师呼唤着康康。

康康转过头，有些不情愿地拖动着两条腿，步伐缓慢得像一只蜗牛宝宝。

"好吧。"我听见康康小帽子下低沉的声音，他牵着妹妹，再也没有说话，只是闷着头一个劲儿往前走，我有些担心地看着大小两个背影，虽然康康没有拒绝，但是好像不太开心呢！

过了一会儿，我又看见康康从远处而来的身影，这一次他摘下了帽子，一路狂奔，跑到我的面前喘着粗气，问出了和刚刚如出一辙的问题："老师，结束了吗？"我看着已经快要关闭的幼儿园大门，点点头，可是话还没说出口，一个迟到的弟弟站在门口，小小的身影站在那里有些不知所措，保健老师转头看见康康还在，连忙招呼："康康，还有一个弟弟，你要不要……"

"我不要送啦！"康康一声大喊，让我们几人愣在原地。

我看向康康，他的手用力地在身体两边一挥，紧紧握成拳头，脚顺势一跺，整个人往反方向一转，再也不看我们和旁边的弟弟。

"康康",我轻轻喊他的名字。

"不要送啦,不要送啦,就是不要送啦!"康康撇过脸去,嘴角下撇,嘴唇还有些微微的颤抖,而眼眶里不知道什么时候已经悄悄盈满泪水。"真烦人!"他的声音虽然轻轻的,但还是满满的不情愿。

康康在班上有时候也会控制不住情绪,在表达时会比较外显。小班时他习惯用动作来表达自己的情绪,因为体格、力气比其他小朋友大些,所以容易和别人产生肢体上的冲突。进入大班,康康在这方面已经进步了许多,但是面对弟弟妹妹,他会怎么克服自己的消极情绪解决这个问题呢?

此时的弟弟听到哥哥的"怒吼",似乎也有些疑惑,他不知道平日里笑嘻嘻和温柔的哥哥怎么突然变得心情糟糕,只见弟弟从康康身后走到他的面前,歪着头打量了哥哥一会儿,康康感觉到身边的弟弟,也没再发脾气,但依旧低着头不说话。

"弟弟好像很关心你哦!"我"趁热打铁",连忙说道。

这一次康康没用大喊打断我的"劝说",他捏着帽子的手松开了一些,眼神里的不耐烦也逐渐消失。

"弟弟迟到了,只剩下一个人,没有同伴陪他一起回班了呢!康康,想不想帮帮弟弟呀?"我蹲在他和弟弟的面前问道。

康康看了看我,头又低下去,声音很轻:"可是,太累了。"

见有转机,正当我还想继续尝试"以理服人"的时候,突然,康康的面前伸出一只小小的、肉乎乎的手——弟弟的小胖手。

康康猛地抬起头,他有些惊讶地看着面前微微笑着的弟弟,弟弟却好像做了一件平常得再也不能平常的事情,自然地又把小手往康康面前伸了一伸。

"弟弟他想你送他回班呀!"弟弟耐心地伸手等待的样子,竟如刚开学时康康耐心温柔等待牵起他们的样子一般。

而康康眼底的不耐烦、生气也都在这一刻消失殆尽,他眼睛里的泪水越来越多，眼神却变得平静和温柔。康康背过脸，用手背抹去快要滴落的泪珠，然后手臂一扬一盖，"小帽子"又回到了他的头上。他牵起面前弟弟伸过来的小手，坚定地往前走去。

● **事后小花絮**

老师："为什么后来不愿意送弟弟，很生气呢？"

康康："我送了太多次了，每次都要爬好几层楼梯，太累了！"

老师："确实，送一个弟弟妹妹一个来回就要费很多力气，我看到你今天送了很多弟弟妹妹，真是不容易，我都不一定有你这样的体力，也没你能干呢！虽然累，但好像也锻炼身体了，对吧？"

康康："嗯……"

老师："那为什么后来又愿意送那个弟弟了呢？"

康康：（沉默）……

老师："我来猜猜，是因为弟弟伸手了吗？他很想你送他回去吗？"

康康：……（用力地点了一下头）

老师："尽管有点辛苦，有点累，但是因为弟弟需要你，喜欢你，你还是愿意克服困难，帮助弟弟，关心弟弟，你的进步真是太大了！"

康康笑了起来。

弟弟妹妹们在小班老师的带领下，特意来到哥哥姐姐们的班级，向他们在"小帽子"行动中的照顾送上感谢。随着一句句甜甜的"谢谢"和竖起的大拇指，哥哥姐姐们有的说着"不用谢"，有的拉拉弟弟妹妹的手，有的咧起嘴巴笑得开心。我看向康康，他的背挺得直直的，眼睛亮亮地看着弟弟妹妹们，嘴角有忍不住的喜悦呢！

教师解读

"小帽子"戴上、摘下又戴上，是康康在这个过程中深切体验了新鲜到倦怠再到责任感与感情萌发。当哥哥姐姐面临一个任务的时候，会觉得得心应手或不知所措，也会有积极参与或不情不愿……但当哥哥姐姐面临"一份真挚的感情和真实的需要"时，他们更能体会到大带小的价值与意义，坚持去做完这件事。这不是成人赋予的，而是情感交流和互动衍生的结果。康康这样性格的孩子，他对新活动总是充满热情，渴望收获成就感。但外部的夸赞和要求、任务的有趣和新鲜都不是永动机，不能完全给他持续充分的能量去坚持做同一件事，例如送弟弟妹妹回班。康康在几周后面临挑战和困难的时候，更加容易产生疲倦等消极情绪。因此，教师需要采取一些行动，例如引导弟弟妹妹向哥哥姐姐表达感谢：说一些甜甜的话或者送上小礼物，以此鼓励幼儿看到、听到对方正向的反馈，体会到、感受到人与人之间情感的变化和需要，将这些真切地化作幼儿自己内心的动力，帮助他们在混龄交往中去沟通感情、解决问题。

在这项日常的大带小活动中，哥哥姐姐与弟弟妹妹有了更多短暂却有意义的交流，他们或用语言，或用眼神，又或是像康康和弟弟这样简单的一个伸手就能被彼此打动。但无论是什么样的方式，康康不仅在发展着自己与弟弟妹妹的感情、交往的策略，同时在面对挑战和困难时，能够接纳他人的需要，努力化解消极的情绪，帮助弟弟妹妹完成小任务。这也是他能力的一种提升和变化。

大带小的混龄活动也许就是这样，不是我朝你走99步，你却只走1步，而是哥哥姐姐与弟弟妹妹都在学习，我朝你走50步，你也朝我走50步，在活动中获得双向的经验和情感，平等尊重地关爱彼此，共同获得成长。

案例提供者：吴海韵

（3）哭的弟弟妹妹我也会带

案例背景

稍显内敛的秋秋和奶酪、月儿三名幼儿在班级的各项活动中参与度较高，善于表达自己的想法，遇到困难愿意想办法解决。在混龄活动中，他们的责任感都较强。

幼儿信息

大三班幼儿：秋秋，男，2016年10月出生

大三班幼儿：奶酪，男，2016年12月出生

大三班幼儿：月儿，女，2016年10月出生

观察实录

晨间入园，大班"小帽子"行动队迎来第二次接送弟弟妹妹的任务。大三班轮值的七顶"小帽子"志愿者依次在幼儿园大门口排队站好，迎接小三班弟弟妹妹入园。

秋秋张望着小三班进来的队伍，边数着人数，边回头对着后面的奶酪说："我们俩换个位置吧！"奶酪欣然同意。我对这突如其来的举动产生了好奇："秋秋，你为什么想换个位置？"秋秋笑而不语。

此时，奶酪把哭得伤心的麟麟接走了。秋秋紧接着带着一个笑眯眯的源

源走向教室。

等秋秋回来，我再次询问原因。这时，秋秋才低着头不好意思地轻声说："我不想接那个哭的弟弟，上次接他，他都不愿意走！"

我恍然大悟，说道："哦，原来你面对有情绪的弟弟妹妹不知道该怎么办，是吗？"

"嗯！"秋秋点点头。

"没关系，等一下我们请全班小朋友帮忙出出主意！"

志愿者活动结束后，晨间谈话时间，我们一起回到班级开始讨论今天秋秋的困难。

"你们在做志愿者送弟弟妹妹回去的过程中有没有遇到困难？"

"没有！"整齐的声音回荡在教室里。

秋秋勇敢地站起来说："我有，弟弟妹妹进幼儿园就哭，不肯走，我不知道怎么办！"

我向秋秋投去了肯定的目光，问全班："你们有办法吗？"

在片刻寂静后，尧尧说："你可以拉着他们的手往前走！"

秋秋说："他哭着不让我牵，我怕硬拉他会疼，更不高兴了！"

亲亲说："你可以安慰他说：'别哭别哭，幼儿园很好玩！'"

我向亲亲竖起了大拇指："好方法，用语言安慰他。"

奶酪说："你可以边走边指着树上的小松鼠，让他们看小松鼠多可爱，分散他们的注意力，他们就不哭了，我今天就用的这个方法，很有效。"

月儿补充道："对，我还让哭的弟弟妹妹看我们大班锻炼，给他们介绍我们的锻炼项目，他们听着听着就不哭了，而且也愿意跟我一起走。"

我感叹道："你们可真有办法呀！秋秋，帮到你了吗？"秋秋使劲点点头。

接下来的"小帽子"志愿者活动中，我果然看到秋秋不再抗拒情绪不佳的弟弟妹妹，每一个弟弟妹妹都能被顺利地送回班级。

教师解读

"小帽子"志愿者活动虽然在教师看来任务简单、容易完成，但是，当面对刚入园不久且情绪尚不稳定的弟弟妹妹时，有的大班幼儿是缺乏经验、缺少办法的，他们会发怵、畏难，最直接的解决方法就是避开。此时，需要教师给予理解和支持。因此，教师及时地通过集中讨论、分享经验、共同出谋划策，不仅可以肯定大班幼儿带弟弟妹妹的方法，还可以给予他人借鉴，帮助幼儿及时解决问题，积累接送弟弟妹妹的策略。从交流中，我们也能感受到幼儿会积极利用环境中的因素自主解决问题。

案例提供者：方芳

（4）我今天送了好多人呀

案例背景

安安是班级里年龄稍大的幼儿，各方面能力都比较强。他在社会性交往方面对陌生的人和事以及环境容易紧张，属于比较"慢热"的孩子。

幼儿信息

大二班幼儿：安安，男，2016年12月出生

观察实录

操场上，六位大班"小帽子"志愿者一起站在小二班入园通道旁，等待接送弟弟妹妹回到自己班级。安安站在队伍里，一会儿和其他同伴说笑玩耍，一会儿在旁边的攀爬架旁钻来钻去。随着小班幼儿入园人数的增加，小志愿者都陆陆续续参与到接待小班幼儿回班的任务中，就只剩安安在等待处。等待的时间有点长，安安蹲在攀爬架下方，头靠在木架上一动不动。

"安安，下一位小朋友来了要请你带他回班。"我提醒他。

"什么？"安安微微晃动脑袋，咬紧牙关从嘴里蹦出了两个字，双手紧紧抓着攀爬架，整个身体紧绷着。

又有一位小二班的弟弟入园啦，他通过入园检查后，走到了安安面前。

只见安安站起了身，原地转圈，嘴巴里念念有词地说着什么，双手上下飞舞着。

"安安，有小二班小朋友来啦，需要你送一下哦。"见安安没牵起弟弟，我提醒道。

安安表情严肃，几次伸出手又缩回来，其间还用小眼神瞟了我一眼，最终用食指和大拇指捏住了弟弟的手，随后牵着弟弟慢慢走向小二班。

这次送完弟弟后，回程时安安一路狂奔，快速加入接待的区域等待。身旁的小朋友讨论着送了几个弟弟、几个妹妹，开心地回忆着弟弟妹妹们的名字，说着哪些小朋友分别是谁的弟弟妹妹。安安则安静地站在一旁，倾听着他们的交谈。随后安安和本班一位小朋友一起不断地往返于校园大门和小二班之间，一个接一个地接送弟弟妹妹。

当把最后一个小妹妹送回班后，我和安安一起走回大二班教室，路上听到了"嘻嘻"的声音，我低头发现安安的小脸上露出了浅浅的笑容。

"安安，你在笑什么呀？"我轻声问道。

"我今天送了好多人呀！"安安认真地说，嘴角还带着一丝微笑。

"这些弟弟妹妹肯定很感谢你，辛苦小哥哥啦！"

"嗯。"安安点点头，嘴角带着微笑。

教师解读

升入大班的安安，刚刚从中班被照顾着的弟弟转变了身份，摇身一变成为晨间入园"小帽子"行动队的一名大班志愿者。虽然事先已了解接送的任务和应该怎么做，但是，一开始安安仍然对素未谋面的弟弟妹妹感到陌生和无所适从。

幼儿是具有调节情绪的能力的，安安从躲避到紧张得打转，在忐忑不安中还是坚持完成了接送任务。而真正让安安得到自我舒缓的是在同伴的谈话影响下暗暗地与同伴较量着接送的人次。最终在十分钟接送任务结束后，安安在接送过程中收获了满满的自豪感、成就感和树立了自信心。安安不由自主显现出来的浅笑，让我看到了他心底里流露出的自豪。

混龄活动让我们看到幼儿在交往过程中付出的努力，他们不断调整自己的情绪，丰富交往经验，克服内心焦虑，不断丰富自己在混龄游戏中的角色和价值，拓展自己社会交往的经验。

案例提供者：马潇潇

（5）适度留白

案例背景

在班级中，钱宝是个大年龄的孩子，他性格活泼开朗，心思细腻，有爱心，生活自理能力以及协调能力很强。平时他乐于助人，当班级小朋友间出现问题，他能够及时进行沟通和协调，深受小朋友们的喜爱。此外，因为他是独生子，很喜欢弟弟妹妹，而大带小正好满足了他的需求。

幼儿信息

大二班幼儿：钱宝，男，2016年11月出生

观察实录

新学期，大班哥哥姐姐有了一个"新任务"——接送弟弟妹妹入园。钱宝对于这个新活动既期待又有点紧张："沈老师，什么时候到我接送弟弟妹妹呀？"

"我们每周分组轮流进行接送，明天就到你了。"

"太好了！我明天就可以戴着小黄帽去接送弟弟妹妹了，但是我也有点担心，万一弟弟妹妹不跟我走怎么办？"钱宝眉头紧锁，说出了自己的困难。

没想到善于沟通的钱宝，对于第一次接送弟弟妹妹也有顾虑，他会如何

解决呢？我紧接着反问道："如果真的遇到这样的问题，你会怎么办呢？"

钱宝稍加思索："我先问一问弟弟妹妹是什么原因，然后再想办法解决。如果实在没有办法，我就告诉小班的老师。"

我点了点头，鼓励他："这是个好办法，先问清楚原因，然后才能找到相对应的方法。到时候你就用你的方法试一试吧！看一看可不可以解决。"

第二天，钱宝开心地戴上标有自己姓名的"小黄帽"，快速地跑到了幼儿园门口接送弟弟妹妹的位置，等待弟弟妹妹入园。不一会儿，晨间活动结束，钱宝开心地走到我身边："沈老师，你猜猜，我今天接送了几个弟弟妹妹？"

我伸出手指："5个？""不对，我今天一共接送了7个弟弟妹妹。"他眉眼弯弯，语气中充满着自豪。

"哇！第一次你就接送了这么多的弟弟妹妹，你是怎么做到的？"我欣喜地看向他。

"我本来是一个一个送弟弟妹妹回班的，后来有个弟弟和妹妹是一家的，他们不要分开，然后我就牵着他们一起，另外一个妹妹也要一起走，我就一下子送了3个人。"

他继续补充道："我觉得一起走挺好的，而且弟弟妹妹有同班的小朋友陪伴也很开心。"

"嗯，弟弟妹妹刚入园，有了同伴的陪伴会更有安全感和亲切感。那你有没有遇到什么困难？"

"有一个弟弟一开始不愿意回班，走到中途的时候，他被太空舱吸引了，我一开始催他快走，他也不理我。"

"后来呢？"我迫不及待地追问着。

"后来他说他想玩，我告诉他现在不能玩，要回班吃点心。最后我想到了一个好办法，我和他商量下次大带小可以带他玩，然后他就开心地和我走了。"

"钱宝，你遇到问题能主动和弟弟妹妹进行协商并解决，很棒哦！"我不由地称赞道。

钱宝开心地说:"我在送他们的时候,还告诉了他们回班的路线,这样他们就能快速地找到自己的班级。我一开始有点紧张,现在我很喜欢接送弟弟妹妹,他们都很可爱。我下次还要送更多的弟弟妹妹回班。"听到他的话,我朝他投去赞许的目光:"相信你下次会做得更出色!"

教师解读

第一次当入园引导员,交往能力较强的钱宝也会紧张和担心,但这种担心并不妨碍他在过程中解决问题,核心是教师要能够给予幼儿充分发展的空间和权利,要相信幼儿是有能力的,是可以自主发展的。所以对于钱宝的担心,教师通过反问的方式,激发幼儿自主寻找解决策略。根据钱宝的回答可以看出钱宝的策略有限,仅限于询问弟弟妹妹原因,这时教师没有第一时间与之进行讨论,未丰富其方法,而是采用适度留白的策略,将交往互动和解决问题的主动权交给幼儿,适时鼓励幼儿根据自己的方法进行尝试,支持幼儿自主探索。

刚入园的小班幼儿,更多处于无意识的状态,容易被新鲜事物所吸引,所以在回班途中有个弟弟被太空舱吸引,出现"逗留"现象也在所难免。针对这种情况,钱宝能根据生活经验,积极与弟弟协商,考虑和平衡自己及他人的需求与意见,最终达成约定,采用延迟满足的方法,顺利地将弟弟送回班。由此可以看出,在没有成人支持的情况下,钱宝也能激发自身的主动性,创造性地解决问题。从开始的期待、紧张到最后的开心、自豪，钱宝也收获了满满的责任感。所以对于此类能力较强的幼儿，在大带小活动中，教师适时引导和适度留白，更多地给幼儿赋权、赋责、赋能，充分发挥幼儿主观能动性，让幼儿获得愉悦的体验。

案例提供者：沈文文

（6）妹妹不哭了

案例背景

热情的小七虽然是班级里的小妹妹，但很愿意帮助身边的同伴，每次得到大家的反馈和老师的表扬后，小七脸上总露出甜甜的笑容。班级里小七和尧尧是一对好朋友，两个人总是形影不离。

在大带小活动时，小七常常先找到尧尧，再找自己的妹妹，四个人一起游戏，有时小七也会沉浸在和尧尧的聊天中而忽略妹妹，相比于同妹妹游戏，小七似乎更喜欢和尧尧在一起。

幼儿信息

大三班幼儿：小七，女，2017年8月出生

观察实录

今天，小七第一次当"小帽子"行动队的志愿者姐姐。

做完操，小七和尧尧手牵手商量着去哪里锻炼。在老师一遍又一遍的呼喊下，小七急忙跑过来，接过老师手里的帽子，摸了摸，然后笑了笑说："我都忘记了。"说完，她戴上小黄帽小跑到门口准备迎接弟弟妹妹。第一次当志愿者，小七默默地躲在其他小朋友身后，显得有点紧张，并没有主动上前牵弟弟妹妹的手，直到小班的老师把一位眼泪汪汪的妹妹送到小七手里。小七

看了看妹妹，又看看一旁的我，撇了撇嘴，表情显得很无奈："徐老师，这个妹妹一直哭，一直哭，我都不知道她为什么哭。"

"那你可以问问她，说不定需要你的帮助呢？"我说道。

听完，小七转向妹妹，弯下腰说："妹妹，你为什么哭呀？"

"我……我……我想让奶奶进来陪我。"妹妹边哭边说。

小七转头看了看我："大人是不能进幼儿园的吧。"

我点点头，说道："那你告诉妹妹什么时候就能见到奶奶了，想奶奶了可以怎么办。"

小七挠挠头，说道："妹妹，大人是不能上幼儿园的，你别哭了，先去教室里玩一会儿，然后中午快快吃饭，吃完了就可以见到奶奶了。"说完，小七牵着妹妹的手，边往教室里走边说："对了，妹妹，告诉你哦，我上小班的时候，语言区里有妈妈讲的故事，不知道你们语言区有没有你奶奶讲的故事……"妹妹含着眼泪，回头看了看大门口，随后跟着小七一起朝着教室走。

过了一会儿，小七回来了，我问道："后来妹妹的心情怎么样？"

小七咧开嘴，笑着说："走到楼梯口，妹妹就不哭了，她一直抓着我的手都没有松开。"说完，她走到门口继续当起了志愿者。

接送环节结束了，小七一蹦一跳地来到我身边，兴奋地说："徐老师，我今天送了三个弟弟妹妹，小三班的老师还和我说了'谢谢'呢！"

"你辛苦啦，来回跑了这么多趟！你今天还帮助妹妹，让她不哭了，可真有办法！"

一周过去了，又轮到小七接送弟弟妹妹了。这一次一做完早操，还没等老师召集，小七就戴好志愿者帽，来到幼儿园门口伸着脖子张望着，主动迎接弟弟妹妹们。

接送结束后，我问小七："今天接了几个弟弟妹妹呀？"

小七竖起手指比了个"五"，略带骄傲地说："我今天接了五个，有一次一只手牵着弟弟，一只手牵着妹妹。"

"哇，那你可真厉害，一次带两个。今天有没有遇上哭的小朋友？"

"有，有一个妹妹哭了，我看她哭，就一直和她聊天，聊着聊着她就不哭了。"

我竖起了大拇指，小七笑了笑，拉着小伙伴跑向操场玩了起来。

教师解读

在班级有固定玩伴的小七，对于离开好朋友的大带小活动，显得不是那么积极。所以在第一次当志愿者时，小七先是忘记了，而之后也没有主动接送弟弟妹妹，只是当作任务被动参与。

面对因为和奶奶分离而哭泣的妹妹，小七略显无措，寻求老师的帮助。在老师的引导下，小七尝试迁移自己小班时的经验，通过聊天缓解了妹妹的分离焦虑，在帮助妹妹的过程中获得了极大的精神愉悦。于是在第二次当志愿者时，小七不再只想着和好朋友游戏，明显积极主动了许多。因为有了第一次安抚弟弟妹妹的经验，小七积累了很多方法和策略，也显得自信许多。看着弟弟妹妹们牢牢牵着的手，小七能感受到弟弟妹妹对自己的依赖，体会到当姐姐照顾弟弟妹妹的快乐和成就感。

案例提供者：徐绿

2. 做操啦

案例背景

　　以往入园第一天做早操，基本是不同年龄段的幼儿各自做各自的，或者大班幼儿做早操，小班幼儿欣赏。开学第一天，小班幼儿因与家长的分离还处于情绪不稳定的状态，会出现啼哭、不愿出教室、四处乱跑、不愿参与活动等情况。这次，我们尝试在早操时间段，开展大班和小班的混龄做操。我们希望通过大班哥哥姐姐的随乐舞动，营造欢快的气氛，一对一地带动小班弟弟妹妹沉浸式感受早操韵律的动感，使小班幼儿的情绪自然被感染，使他们转移注意力，暂时忘却分离的焦虑和不安，让大家都能在欢快的音乐声中舞动。

幼儿信息

　　小二班幼儿：皮皮，女，2018 年 11 月出生
　　大二班幼儿：思蜜，女，2016 年 12 月出生

📝 观察实录

"虫儿飞，虫儿飞……"收拾玩具的音乐响起来了。

"妹妹，要收拾玩具了。"思蜜对着妹妹说。

"我还想玩一会儿。"皮皮说。

"接下来要到教室外面玩，要做早操了。"思蜜对着皮皮解释。

"要出教室，要到哪里去？"皮皮语气中透露着惊喜和害怕。

"问一问弟弟妹妹，有没有小便，要不要上厕所。我们马上要到大操场做早操了。"老师说。

"你看，老师说的和我说的一样吧，马上要做操了。"思蜜对着皮皮调皮地眨了眨眼睛。

"大操场在哪里？"皮皮问姐姐。

"大操场在前面。妹妹别担心，我带你去。"思蜜拉着皮皮的手穿过长廊，来到大操场。

皮皮有些迟疑，小手紧紧地抓着姐姐的手。

动感十足的音乐响起来了。"战吗？战啊！以最卑微的梦……"当《孤勇者》音乐响起来的时候，气氛达到了高潮。

"这是《孤勇者》的音乐?!"皮皮瞪大双眼，一脸兴奋地和姐姐确认。

"是的，这是我们暑假里选出来的早操音乐，好听吧！"思蜜满脸自豪地说。

"姐姐，我会唱。"皮皮一边说，一边随着音乐放声高歌。

"你好厉害。"思蜜给她竖起大拇指。

"做早操不能光唱歌，还要做动作。快，跟姐姐一起做动作。"思蜜一脸认真地对妹妹说。

皮皮开始模仿姐姐的动作，伸伸腿，弯弯腰。可是，大班的音乐节奏可能有些快，皮皮有些跟不上。

小班的早操音乐响起来了，老师在前面认真地示范着。

"这是什么音乐？"皮皮好奇地问姐姐。

"这是小班的早操音乐《我不上你的当》。姐姐以前在小班的时候做的就是这个操。"思蜜说。

因为小班的音乐节奏慢下来了，皮皮有模有样地学起了早操动作。

"妹妹，你早操做得不错！"思蜜夸奖妹妹。

听了姐姐的夸奖，皮皮笑得很灿烂，心情完全放松下来。

"以后老师每天都会带着你们做早操的，小班、中班、大班都要做早操的，做的早操不一样，做早操能锻炼身体……"思蜜一边带着妹妹做早操，一边在妹妹耳边说。

教师解读

对于第一天入园的幼儿来说，早操环节是较为陌生的，有些幼儿不知道早操环节自己应该做什么。但是，从大班哥哥姐姐拉起小班弟弟妹妹的手开始，他们有了充分的安全感，在哥哥姐姐的带领下走出教室，来到户外场地。

在混龄早操活动中，大班早操音乐是大班幼儿假期自主选定且熟悉的，哥哥姐姐熟练地舞动，很快吸引了小班幼儿的注意力，也让哭泣、来到陌生环境、有些紧张的小班幼儿短暂忘记了他们的情绪问题，跟随音乐动起来。小班早操，因为也是大班幼儿熟悉且曾经做过的早操的旋律和动作，所以他们才有精力关注弟弟妹妹，并带动小班幼儿一起参与。合适的速度、简单的动作，提高小班幼儿参与的可能性，也调动了他们参与的积极性。同时，在此环节，不必完整播放所有的早操音乐，而是挑选欢快、韵律感强的早操音乐，时间不要太长，使幼儿有一定参与度，但也不会过于疲劳。

混龄早操最主要的目的在于在欢快的韵律中以哥哥姐姐的早操动作有效带动弟弟妹妹的参与，让弟弟妹妹感受全体参与的氛围，体验一日活动中的早操环节。

案例提供者：胡蓓

3. 水很好喝哦

案例背景

喝水是小班开始就要培养的健康生活习惯之一。以往我们通过集体指导的方式，鼓励小班幼儿喝水；现在，我们利用大班幼儿的资源，结合大带小的契机，让大班哥哥姐姐一对一鼓励并指导小班弟弟妹妹喝水。

宁宁虽然上过亲子班，但是开学第一天，她的情绪不是很稳定，时不时就会红了眼眶；在大班姐姐晨间入园后的持续陪伴下，宁宁的情绪逐渐趋于稳定。

幼儿信息

大三班幼儿：橙宝，女，2017年2月出生
小三班幼儿：宁宁，女，2018年12月出生

观察实录

今天是开学第一天，大三班哥哥姐姐从入园就一直陪伴着小三班的弟弟妹妹。到了喝水环节，橙宝带着宁宁到走廊上找到了各自的水杯。

橙宝带着宁宁找到一张空的桌子，坐了下来。没想到坐下来之后，宁宁将杯子放在桌上，身体却转到后面，一边摸着椅背，一边发着呆。

"妹妹，喝点水吧。"橙宝轻声说。

宁宁像是没听到一样，继续背对着水杯，看着窗户外面，眼眶也红了起来。橙宝赶紧站起身，帮宁宁打开了水杯盖，说："妹妹，你喝点水吧。"

在橙宝的劝说之下，宁宁终于将身体转了过来，可是她只是皱着眉头看着眼前的杯子，一点也没有喝水的意思。橙宝见状，有点为难，看见旁边的老师，小声说："妹妹不喝水。"

"你可以先喝水，再鼓励妹妹。"听完老师的建议，橙宝坐下来将自己的杯盖打开，大口喝着水，喝完还夸张地咂了一下嘴，闭着眼睛说："水很好喝哦！"

宁宁眼睛眨也不眨地看着姐姐，还是没动。橙宝又喝了一口水，喝完又咂了一下嘴，宁宁也学着橙宝轻轻咂了咂嘴。橙宝见状，赶紧将宁宁的水杯递到她的手上，宁宁拿着水杯，学着橙宝的样子，小口地喝起了水。

"水好喝吧，来，我们干杯！"橙宝笑着将自己的杯子和宁宁的杯子轻轻碰了碰。宁宁抬头看了看橙宝，低下头一口接一口喝起了水。

教师解读

幼儿刚入园时出现的分离焦虑是幼儿正常的心理现象，幼儿也会因此产生一些"不愿意"的行为表现。小班的宁宁由于情绪焦虑、在家中的生活习惯等，对于喝白开水有一定的排斥情绪。一直陪同在旁的大班橙宝，出于牢记在心的大带小的责任意识和对小班妹妹的关爱，通过亲身示范、夸张的表情和语言激励、"干杯"游戏等方式"哄"妹妹喝水，这也让我们看到了大班幼儿面对小班幼儿"不喝水"事情上采取的诸多策略。小班宁宁受到大班橙宝的带动和鼓励，自然而然地观察和模仿，最终在姐姐的陪伴下，愿意尝试喝白开水。

喝水虽然是小事，但是大班幼儿的坚持和一系列行为，给小班幼儿一定的价值引导，小班幼儿在感受到教师和大班幼儿对自己关心的同时，逐渐意识到日常喝水的必要性，也初步认识到喝水是一个重要的生活环节。可见，大班幼儿的陪伴让小班幼儿的焦虑情绪得到缓解，在相处中获得安全感，有助于他们尽快适应幼儿园的集体生活。

案例提供者：姜杨

4. 我们一起吃午饭

案例背景

暑假老师对新生进行家访时,彦彦的家长坦诚告知:他不喜欢吃饭,在家很多东西都不吃,挑食比较严重,吃饭的时候需要人喂。

幼儿信息

小二班幼儿:彦彦,男,2018 年 11 月出生
大二班幼儿:韵韵,男,2016 年 11 月出生

观察实录

今天第一天上幼儿园,彦彦和韵韵自由结伴成为一对新朋友,两人形影不离,哥哥带着弟弟高兴地玩了一上午。

到了午餐的环节,韵韵拉起了彦彦的手:"走,弟弟,我们一起去洗手。"

彦彦面露难色地问:"马上是要吃饭

了吗？"

"是的，幼儿园的饭可香了。老师表扬我吃得又快又干净。"韵韵说。

洗完手，他们来到了餐桌边。

"洗好的手，要握成拳头，等坐下来以后，才能拿餐具。你是小班小朋友，你拿勺子，我是大班小朋友，就要用筷子了。吃饭的时候，不能说话，不然会呛到的。"韵韵一边示范，一边轻声叮嘱。

彦彦学着哥哥的样子，从中间的餐盘里拿了一把勺子，大口吃起来。

"掉在桌上的东西，要捡到中间的盘子里，桌子要干干净净的。"韵韵发现彦彦有一小块西红柿掉在了桌上，帮他捡起来放在了餐盘里。彦彦认真地点点头。

"你加油，我快要吃完了。"韵韵说着又吃了一大口。

彦彦的面条还剩下一点点了，他也学着哥哥的样子吃了一大口。可能是吃得有些饱了，第二碗时，彦彦吃得没那么带劲儿了。

"弟弟，你大口吃，吃完我带你去散步，"韵韵说，"要不要我喂你？我吃完了马上来喂你。"

彦彦一脸崇拜地看着哥哥，又开始大口吃起来。彦彦终于用勺子把最后一口面扒进了嘴里，把空碗举起来给韵韵看。

"弟弟你今天吃饭吃得真不错，"韵韵夸奖吃完饭的彦彦，"碗要吃干净哦。吃完了还要送碗筷，漱口，擦嘴巴。来，我带你去。"

在韵韵的陪伴下，彦彦愉快地吃完了午餐。

"幼儿园里的饭菜好吃吧？"韵韵问。

彦彦一边点头，一边说："好吃。"

"我最喜欢吃面条和烩饭了，幼儿园有时候还会吃汉堡呢！"韵韵一边拉着彦彦带他散步，一边兴致勃勃地给他讲幼儿园里的美食。

教师解读

小班幼儿入园第一天,最困难的是生活环节,尤其是进餐环节。有的还没有吃,只要看到发餐具就开始哭了;有的需要老师喂才肯吃;有的甚至连老师喂都不愿意吃。这些状况使得进餐环节一直是教师研究幼儿入园适应的"重中之重"。幼儿园不仅研究有利于幼儿健康且幼儿爱吃的饭菜,更通过混龄进餐这种形式,营造了小班和大班幼儿坐在一起吃饭的亲密环境,让小班幼儿感受到在幼儿园像家庭一样时刻被照顾的氛围。

大班的哥哥姐姐在混龄进餐中承担甚至超越了教师的角色,为小班幼儿适应在园进餐奠定了良好的基础。大班幼儿陪着小班幼儿一起吃饭,哥哥姐姐大口吃饭的行为感染了弟弟妹妹,起到了示范和鼓励作用。在家进餐困难的彦彦在不知不觉中模仿哥哥,自己动手大口吃饭。哥哥不仅能一对一细致地指导彦彦,而且能通过全程的亲身示范、手把手带领等方式,帮助彦彦了解餐前、餐中、餐后的规则。同时,弟弟妹妹崇拜的眼神和认真的跟随,也让哥哥姐姐在进餐环节体会到满满的自信和照顾别人带来的成就感。

案例提供者:胡蓓

5. 甜甜的午睡 暖暖的守护

案例背景

午睡是小班幼儿入园后的一个挑战，在不熟悉的环境，面对不熟悉的老师，在极为安静的氛围下，睡在和家里完全不同的小床上，有些幼儿听到"午睡"这个词就开始抗拒。每一年小班幼儿第一次在幼儿园午睡前都是哭声一片，更有甚者从餐前准备就开始哭。

为了帮助小班幼儿调整好心态，顺利渡过午睡这一"关"，我们做了新的尝试。在开学第二周的周五，即小班正式在园午睡前，带着小班幼儿去看大班幼儿的午睡环节。这不仅让小班幼儿真实地看到哥哥姐姐在幼儿园的午睡状态与任务，也让小班幼儿对下一周在幼儿园午睡做好心理准备。

幼儿信息

小班全体幼儿

大班全体幼儿

观察实录

● 看哥哥姐姐午睡

"下周我们就要在幼儿园睡觉啦！我们先一起去看看哥哥姐姐在幼儿园怎么睡觉的！"在老师的带领下，小班全体幼儿聚集在大一班午睡房门口，充满好奇。

"嘘！"老师故作神秘轻声地说："哥哥姐姐已经睡觉啦，你们知道他们睡觉时是什么样子的吗？"

孩子们顿时安静下来。"我们一起走进午睡房看一看。哥哥姐姐已经睡下了，进午睡房我们要注意什么呀？"老师问。

"要小点声，不能吵。""走路要轻轻地。"……

"对，我们要安静，轻轻地走进去，轻轻地看，不能打扰哥哥姐姐睡觉哦！"老师再次强调。于是，小班幼儿跟随老师，猫着身子，轻轻地走进午睡房。午睡房里安静又温馨，大班孩子事先得知弟弟妹妹要来观摩午睡，睡前把脱下的衣服裤子平整地叠放在一边，鞋子在床下也放得整整齐齐。当小班幼儿走进午睡房的一刻，大班幼儿就下意识地紧闭双眼，努力做个好榜样了。弟弟妹妹们瞪大眼睛低头看向躺在床上的哥哥姐姐，不由小声嘀咕道："这个姐姐睡得好，眼睛闭起来了。""这个哥哥眼睛也闭起来了。""哥哥姐姐鞋子放得好整齐！"……

此时个别大班幼儿忍不住睁开双眼，目光紧随弟弟妹妹……

"哥哥，他睁眼了！""这个哥哥没睡着。""他动了！""这个姐姐没有动！"……

老师小声提醒："哎呀！哥哥姐姐睡得可真好啊！我们要向他们学习，看看谁睡得好。"顿时，大班幼儿努力憋着笑，一动不动。小班幼儿走过路过夸赞道："这个姐姐睡得好！""哥哥没动！""姐姐闭着眼睛呢！"……

走出午睡房时，有小班幼儿忍不住感叹："哥哥姐姐睡得太好啦！""他们不说话。"……他们也沉浸在午睡时安静的氛围中，安安静静地走回了班级。

● 哥哥姐姐看我们午睡

小班幼儿已经在幼儿园午睡四天了，为了帮助个别抗拒午睡的幼儿尽快适应，也为了鼓励弟弟妹妹，大班哥哥姐姐给小班弟弟妹妹精心准备了礼物——折纸。为了准备这个礼物，哥哥姐姐吃午饭时都很努力，非常快速地吃完午饭，投入到折纸中。

当小班幼儿陆陆续续躺到床上，大一班哥哥姐姐出现在午睡房门口，说："我们来给弟弟妹妹送礼物了。"哥哥姐姐将礼物折纸藏在身后，静悄悄地走进午睡房。已经躺下来的弟弟妹妹忍不住抬起头看着走向自己的哥哥姐姐，但是哥哥姐姐一走到面前，他们就下意识地立即把眼睛闭得紧紧的，嘴角藏不住笑意。

"弟弟，你好好睡觉哦。""弟弟，我把礼物放在你的柜子里，你好好睡觉才能拿到礼物哦！""你怎么还在笑？快把眼睛闭起来。""妹妹，你要把被子盖好哦！"姐姐边说边帮妹妹盖被子。"你的鞋子没有放整齐，我帮你放好了。"……哥哥姐姐凑在弟弟妹妹的耳边轻声嘱咐着。这一天的中午，小班小朋友很快就进入了梦乡。

下午，我问金宝："哥哥中午和你说了什么呀？你怎么这么快就睡着了？"

金宝笑嘻嘻地说："哥哥说这是秘密，不能告诉其他人！"

放学了，孩子们都在书包里翻找着什么，"姐姐送了我折纸。""我也有！""我睡觉好！"……

教师解读

小班幼儿在此之前已经和哥哥姐姐有过两次接触了，也建立了一些友好的情感。两次午睡，不同的"陪伴"方式，也带给幼儿不同的感受。

小班幼儿观摩大班幼儿午睡，不仅让自己做好在园午睡的心理准备，也是借助哥哥姐姐的榜样作用，平复他们对午睡的紧张心情，让小班幼儿直接感受到午睡安静的氛围和哥哥姐姐午睡时的良好习惯，为下一周自己在园午睡建立心理基础，也初步了解午睡的基本规则。同时，对于大班幼儿，老师的鼓励和小班幼儿的"点赞"声，也更加促进他们形成午睡良好的常规习惯，并发挥作为哥哥姐姐的榜样示范作用。

午睡第一周大班幼儿的"回访"对小班幼儿来说是大大的惊喜，一个个惊奇又期待的眼神让午睡这个环节增加了暖暖的爱意。平日在床上睁着眼睛的孩子看到哥哥姐姐来了都一改往日状态，立刻紧闭双眼，这就是哥哥姐姐对弟弟妹妹无言的激励。盖被子、将鞋子放整齐，每一个小小的动作都是哥哥姐姐对弟弟妹妹大大的守护，幼儿感受到幼儿园里的午睡是甜蜜的、温馨的。

案例提供者：孙海清

6. 累死我了

案例背景

因疫情管控,家长不能按常规入园来到班级门口接送小班幼儿。于是,在开学第一天的半日陪伴后的离园环节,大班幼儿牵着小班幼儿的手站在校门口等待着弟弟妹妹的家长来接。

幼儿信息

大二班幼儿:睿睿,男,2016 年 11 月出生

大二班幼儿:琪琪,男,2017 年 4 月出生

大三班幼儿:沐沐,男,2018 年 5 月出生

观察实录

● 累死我了

送走了弟弟,祺祺立刻转身走到接送队伍的尾端,站在我的身旁。

愣在原地静止不动,出神片刻后,祺祺说:"上大班好奇怪,第一天就要一直带着弟弟妹妹!哎哟,终于走了!我们赶紧回去睡觉吧,累死我了!"说

着他便握住双拳,伸出手臂舒展着身体。

"你辛苦了!"我笑着摸摸祺祺的头。

祺祺缩缩脖子,笑盈盈地站在那里,表情很神气。

● 我的弟弟不知道自己的名字

睿睿拉着沐沐的手站在队伍比较靠前的位置,此时没接完的小朋友只有三位了。

睿睿嘱咐沐沐:"弟弟,你要看着哦。爸爸妈妈来接你时别跑,要和老师说再见。"沐沐瞪大眼睛看着哥哥,好像在认真地听。

见半天没人来接,睿睿有些焦急,问身边的沐沐:"今天是你爸爸妈妈来接吗?"沐沐摇摇头,还未回答,门口又陆续来了两位家长。

"沐沐、沐沐、沐沐……"小二班的老师一声声呼唤,可一直没人回应。于是季老师走到睿睿和沐沐身边,牵起了沐沐的手,将沐沐送出了校门。

大班回班集体讨论,当我们询问大班哥哥姐姐半日"大带小"活动中所遭遇的困难和采用的解决办法时,睿睿站起来发言了。只见他连眉毛都变成了八字状,说:"我的弟弟根本不知道自己叫什么,老师喊他名字他就站着不动!连自己家人都不认识!"

"哎呀!这真是个大问题。这该怎么办呢?"我问道。

"我已经想好了,明天找到他就拉着他问老师,他的老师应该知道他的名字。然后一定要记住他的名字就行了。"睿睿皱着眉头,点着头,一本正经的"小大人"模样,看着认真极了。

教师解读

以往的大带小活动，我们更多的是在某一生活环节或集体环节大带小照顾弟弟妹妹。升入大班的第一天面对半日活动全程带领、照顾弟弟妹妹们的情况，大班幼儿更多的还是感到紧张和不适应。

面对这样的情况，教师除了鼓励和安慰幼儿，还带着幼儿一起集体讨论解决问题，同时也是舒缓紧张的好方法。在不同事件的讨论后，大班幼儿能够不断地举一反三，总结出更多带弟弟妹妹的好方法，也为之后其他孩子解决可能遇到的问题做好了铺垫。

不同于以往教师反复强调去记住弟弟妹妹姓名、长相之类的重要信息，切实的需要使得本届的大班哥哥姐姐将牢记弟弟妹妹名字作为非常重要的任务来执行。半日活动的实际需要使"要我做"变成"我要做"，内驱力十足！

案例提供者：马潇潇

户外混龄活动

每周我们都会带着幼儿外出一天，让幼儿与同伴共同在户外游戏、生活。对于幼儿来说，在幼儿园附近有充分的自然、社会环境供其探索和体验。这不同于幼儿园熟悉的环境和固定的人物，在开放的空间里，一石一木都可以是游戏材料，一花一草皆充满了未知和新鲜。因此户外混龄活动开展时，开放空间带来的安全感需求，能够给予幼儿更多结合在一起的契机，而不确定的环境因素及随机事件能够激发幼儿更多交流与行动的可能性。

对于幼儿来说，与哥哥姐姐或者弟弟妹妹共同户外活动，这既是机会也是挑战。一方面，户外混龄活动给了幼儿相互依赖、相互关照的机会。户外活动中弟弟妹妹对哥哥姐姐的信任，促使其渴望从中获得归属感，产生依赖；而哥哥姐姐受环境变化影响，更加主动关注弟弟妹妹的安全，将安全意识、责任感落实于行动，学会关照。另一方面，户外空间更大，内容更新鲜。幼儿的注意力容易随时随地被吸引，情绪和兴趣也更易被调动，无论是哥哥姐姐还是弟弟妹妹，彼此都面临相互脱离、相互分散的挑战，都需要努力克服外部环境的干预。然而，无论是机会还是挑战，我们能看到户外混龄活动为幼儿间增强主动意识、激发冲突问题创设了支撑，为幼儿突破原有混龄经验，获得成长与发展提供了更多可能。

因此，我们将原本在幼儿园中熟悉的混龄活动延伸到户外。我们出发前与幼儿交流外出安全事项及进行主题活动的相关准备，然后哥哥姐姐与弟弟妹妹按照固定结对牵手共同出发。教师在合适、安全的场所引导哥哥姐姐与弟弟妹妹开展体育锻炼、角色游戏或其他主题活动，家长也可参与。最后，哥哥姐姐与弟弟妹妹牵手共同返园，教师组织幼儿交流户外混龄活动的感受与问题，并在下一次活动中进行调整。

1. 学会分享

案例背景

每周我们都有一次户外课程，利用这次户外课程的机会和幼儿一起到大自然中，享受大自然带来的不同感受。

海星一直是一个性格比较内向的女孩，在班级中说话的次数寥寥无几，即便是说话声音也总是小小的、轻轻的。卓东性格也比较内向，不在意细节，在班级中也只愿跟固定的同伴玩。在园内的交往过程中一直是卓东跟班级好朋友一起玩，海星就默默跟随。然而因为户外课程环境的变化，使得两人的相处方式发生了一些变化。

幼儿信息

中一班幼儿：海星，女，2017 年 8 月出生

大一班幼儿：卓东，男，2016 年 6 月出生

观察实录

● 玄武湖半日游：感受分享，缩短朋友的距离

今天是卓东和海星大带小结伴到玄武湖玩玩具的日子，卓东在幼儿园里很快就找到了海星，快速牵起她的手带着她往玄武湖走。其实在这之前卓东就已经跟海星在幼儿园里玩过两次，虽然每次两人的互动都是少之又少。

从幼儿园出发时老师就一再强调因为园外车多人多，哥哥姐姐们需要照顾好弟弟妹妹，避免发生危险。我们看到卓东从找到海星的那一刻起就一直牵着她的手，始终不曾放开。海星虽然言语不多但一直默默地跟着卓东前进，时不时地还偷偷地看哥哥一眼。

来到玄武湖，孩子们一下子就放飞自我，个个脸上都洋溢着笑容。空地上，孩子们追跑、蹦跳、拿玩具玩游戏。卓东和海星也被旁边小朋友的欢声笑语吸引了，坐在一片草地上笑嘻嘻地看着他们。

卓东像是想起什么一样，拿出了一个玩具，我以为会像在幼儿园一样两人各玩各的，没想到卓东把玩具放到了海星面前，虽然没说话，但一直注视着她的一举一动。然而海星此时好像没发现卓东的小动作，眼睛依然被旁边的小朋友吸引着。

卓东也不知道该怎么办了，看着前面的老师。转眼间就看他又从书包里面掏出了好几个玩具，全部铺开陈

列在海星的面前。这个方法果然引起了海星的注意，她终于被吸引了过去。

不善言辞的卓东开始主动在海星面前摆弄起玩具，时不时还会问两句："你想要玩这个吗？"几番互动后，海星也开始给卓东一些反馈，或是点点头或是轻声地说个"好"。

在风光旖旎的玄武湖，两人终于不再像之前一样各玩各的了，而是开始了简单的互动。

● 户外找虫：体验分享，感受朋友的快乐

去完玄武湖没多久，我们又结伴去户外找虫。小朋友们带上了各种各样的工具准备捉虫，海星带来了一个捉虫盒子，里面有好多不同的捉虫小工具，还没开始时大家就对她的工具充满好奇，都想尝试一下。

捉虫时间结束，一个空空如也的盒子闯进了我的视野，我定睛一看，这不是海星的盒子吗？

"海星，你捉到虫子了吗？"我走过去询问道。

海星摇摇头，表示没捉到。

"那你的工具呢？工具怎么不见啦？"我很是疑惑。

"我借给别人了，全被借光啦！"她看着我大声说道，眼睛里闪着光芒。

"是被哥哥借走了吗？"我追问道。

"不是，我看哥哥好像需要工具，我就问他要不要我的工具，就都借光啦。"海星微笑着说道。

教师解读

在这次户外课程中，我们去了玄武湖，前期海星和哥哥虽然已经结伴成功，但是在幼儿园中互动交流的模式基本都是哥哥跟班级同伴互动游戏，而妹妹跟随。然而在外出玄武湖的过程中两人的交往模式有了明显的转变。因为教师强调外出的安全使得哥哥在外出时格外关注妹妹，始终牵着妹妹的手，让妹妹感受到哥哥带来的安全感，逐渐对哥哥产生依赖。玄武湖的环境氛围与幼儿园截然不同，没有安排好的主题内容，没有固定的时间段，没有限制的活动范围，这些都让幼儿在心理上更加放松，也使得哥哥和妹妹的相处更加自然，给了哥哥更多的空间和机会去与妹妹互动，这才会出现哥哥用各种玩具吸引妹妹，与妹妹分享的场景。

正是因为玄武湖的交流让两个好朋友在熟悉度上有所提高，在交往方式上有所转变，所以他们在心理上更加接纳对方，就会更加投入地与同伴互动，也会开始关注互动的过程。海星也逐渐从哥哥身上发现分享玩具好像是一种拉近两人距离的方法。因此在后来的"捉虫"活动中海星一发现哥哥需要工具时立即主动提出将自己的工具借给他，这是海星从哥哥身上学会的分享，因为哥哥在玄武湖和她分享玩具拉近了她和哥哥的距离，所以她也在后面的"捉虫"活动中主动分享，也感受到主动分享带来的快乐。

户外的环境更加开放，对卓东而言，在不熟悉的场景下他开始想尽各种办法吸引妹妹的注意，他在与妹妹交往时发现妹妹注意力不在他身上，他会尝试用玩具吸引妹妹，在吸引妹妹的注意力后会主动分享玩具拉近与妹妹的距离。海星就在这样的交往模式中潜移默化地学习到了一些相处的经验和策略，让她发现分享是与同伴交往的策略之一。这样的学习让混龄游戏变得更加有意义，让内向的哥哥变得更加主动，让没有方法的妹妹学习与人交往的方法。

案例提供者：蒋娇娇

2. 我是哥哥，肯定要保护妹妹呀！

案例背景

年糕生长在二孩家庭，在家庭中不仅受到父母无微不至的照顾，也总是得到姐姐的谦让。在幼儿园中，经过一年大带小活动的相处，年糕和果果已经产生了深厚的情谊，每次从小三班教室门口经过，年糕总是透过窗户向教室里张望，寻找果果的身影；餐后散步时，即使离得很远，一旦看见果果，年糕总是笑眯眯地呼唤着她，果果也总是腼腆地笑笑，向年糕招招手。

幼儿信息

中三班幼儿：年糕，男，2016年2月出生

小三班幼儿：果果，女，2017年7月出生

观察实录

阳春三月，中三班和小三班的小朋友们一起牵着手去玄武湖做游戏。孩子们相互协助把书包放好，来到草地中央。老师交代了游戏规则："今天我们来玩'小鱼游'的游戏，中班哥哥姐姐两两一组双手搭成拱门当作小鱼的家，

小班弟弟妹妹扮演小鱼跟随音乐游一游。当音乐停止时,'小鱼'要快速找到家躲起来哦!"

游戏开始了,孩子们随着音乐唱着歌,"小鱼们"兴奋地在场地中间来回穿梭,享受着音乐游戏的欢乐。当唱到结尾"我要捉住你"时,"小鱼们"快速游到"家"里,不被"大鲨鱼"吃掉。

慌乱中果果愣在原地,四处张望寻找"家"在哪里,可一直都没有找到。眼看"大鲨鱼"靠近果果的时候,年糕大喊一声:"妹妹,快到我这里来!"

果果循着声音赶紧向年糕身边跑,躲进"家"里就安全了,哥哥姐姐紧紧护住了她。三人抱作一团,露出了胜利的笑容。

回程路上,一些梧桐树毛絮随风落下。年糕用手拍了拍脑袋,掸掉了落下来的毛絮,又关心地看向果果,正好有一根毛絮落在了果果的头发上,年糕仔细地捏住毛絮,又小心翼翼地帮她整理好头发。

果果看着年糕轻声说:"谢谢哥哥。"

年糕推了推眼镜笑了笑,拉着果果的小手快步跟上队伍。

一路上人很多,年糕一直让果果走在道路内侧,自己走在外侧。身后背着书包,还要时刻关注着果果,年糕走得大汗淋漓。

突然身后走过来一群人,年糕连忙用一只手紧紧牵着果果,用另一只手环抱住果果的身体,为她挡住人群,像极了一名小绅士。生怕果果再被路人撞到,年糕保持着保护的姿势,侧着身体走了一路。

我问年糕："你这样走路胳膊不累吗？"

年糕推推眼镜自豪地回答："我是哥哥，肯定要保护妹妹呀！"

教师解读

  身处大自然的环境中，幼儿的身心都十分放松，通过音乐的烘托，欢乐的游戏让幼儿快乐地玩在一起。可是，户外环境场地更加开阔，幼儿更自由，突发的困难也就更多，这也给幼儿带来了更多的机会和挑战。

  混龄活动为幼儿创设了与不同年龄层次的幼儿交往的机会。年糕作为小哥哥，主动担负起了照顾和帮助妹妹的责任。从几个小小的举动可以看出年糕对妹妹不仅仅是口头上的照顾，而是真正心系着妹妹，用行动保护着妹妹。这可能与家庭中他与姐姐的融洽相处有着密切的关系，在幼儿园中他有了当哥哥的机会，迁移了家庭中姐姐对待自己的方式，萌发了责任感。在看到妹妹玩游戏找不到"家"时，他能敏锐地发现并主动召唤；毛絮掉落在妹妹头上，他细心地帮助清理；拥挤的人群中，他撑着胳膊保护妹妹，再累也不放下……这都体现出年糕有主动照顾妹妹的责任感和经验，总是在妹妹需要的时候，及时给予帮助，把责任感落实到行动中。

  多次的混龄活动，让年糕和果果建立了深厚的兄妹情谊，形成了一种亲情关系。哥哥照顾妹妹，妹妹接纳哥哥，即使到了户外，他们依然像是一个整体。户外陌生的环境，让妹妹更加需要和依赖哥哥的照顾。游戏中，哥哥姐姐搭起了"家"，弟弟妹妹来躲藏，给弟弟妹妹带来了安全感。这种同伴间产生的情感传递，大大促进了幼儿社会性的发展，让他们互学互助，感受到了游戏所带来的快乐。

案例提供者：徐琦

3. 我带弟弟吧

案例背景

今天是第一次大、中、小三个年龄段的小朋友一起去户外玩角色游戏。大班老师在幼儿园和大班幼儿事先讨论好"在户外怎样和弟弟妹妹一起玩""带哪些玩具比较合适""各自准备哪些玩具带他们玩",并在前一天让大班幼儿去中班,和弟弟妹妹们商讨"你想玩什么"。因为他们在园内有过共同玩角色游戏的经验,所以讨论过程非常顺利,一张张小脸上洋溢着期待的微笑。

雨凡是家中第二个孩子,爸爸妈妈都在医院工作,没有时间陪伴他,雨凡由爷爷奶奶养育。但由于祖辈家长的过度保护,雨凡在各方面能力均较弱,造成他在集体中存在感较低。阿泽在班级中各方面发展良好。两人在幼儿园的大带小活动中与同伴相处友好、和谐。

幼儿信息

大二班幼儿:阿泽,男,2015年12月出生
中二班幼儿:雨凡,男,2017年5月出生
小四班幼儿:球球,男,2018年6月出生

观察实录

出门游戏的这天阳光明媚，小朋友们都很开心。为了保护弟弟妹妹们的安全，哥哥姐姐们决定三人一组。因此，球球站在阿泽和雨凡的中间，手牵手在幼儿园门口准备就绪。一路上，球球时常被户外的美景所吸引，不停地挣脱阿泽的手，想去队伍外面走一走。

"弟弟你慢一点，牵好哥哥的手哦！"阿泽举起手，低下头在他的耳边说。球球听了点点头，重新牵起阿泽的手。

雨凡这时也被路边驶过的警车吸引，愣在原地看得聚精会神。"弟弟你注意看路呀！过马路不能发呆。"阿泽满脸焦急，但也不忘轻声提醒球球，生怕声音太大会吓着他。

不一会儿，和平公园到了，小伙伴们铺好桌垫，打开书包，拿出事先商量好的玩具玩了起来。雨凡和阿泽一人拿着一辆汽车朝球球开了过去，球球咯咯笑又立即把汽车推了回去，玩得不亦乐乎。

过了一会儿，当我巡视一圈回来，一个小小的角落里异常安静，在满场欢声笑语的映衬下显得格外冷清。

"怎么了雨凡，你的哥哥呢？"雨凡和球球光着小脚丫，晒着太阳，彼此没有交流，也不见阿泽的踪影。

雨凡指了指远处拿着变形金刚跑来的男孩子，说："我哥哥不跟我们一起玩。"

"雨凡带玩具了吗？可以邀请哥哥和你一起玩呀！"我建议道。这时，大班哥哥兴许是跑累了，坐了下来。

"哥哥，我带了小汽车，你看……"雨凡话音未落，哥哥刚转过来的头又转了回去，继续和自己班的小朋友玩起了变形金刚。雨凡愣在原地，看着哥哥的背影一时语塞。而大班哥哥这边"叮叮咣咣"，好不热闹！

"没关系的，雨凡，哥哥可能有自己的想法，等他想和你玩的时候，会来找你的。"我看着雨凡失落的神情有些不忍，安慰道。

"那好吧……"雨凡在地上用手推动着自己的汽车。我拍了拍雨凡，他抬起头，我用手指了指他身旁的球球，用眼神示意他和弟弟搭话。雨凡看了看我，又看了看球球。突然他想起了什么，举起汽车朝球球开了过去，试图引起他的注意。

"哎呀！雨凡，你还有弟弟可以一起玩呢！看看，我们雨凡当了中班哥哥就是不一样！"

"嗯，我来带弟弟吧！"雨凡有点自豪地说着。

"你再跟弟弟介绍一下你这辆车怎么玩。"雨凡举起汽车，轻声"嘀咕"着什么，似乎是在做讲解，眼神在汽车和弟弟身上来回转。整个游戏时间，虽然雨凡与球球的话不多，但始终在一起。

回园的路上，阿泽并未牵着两个弟弟的手，依旧和走在前面的同伴聊着刚才变形金刚的话题，雨凡在一阵沉默后举起牵着球球的手"质问"哥哥："哥哥，你不牵着我们的手吗？"周围的老师和志愿者家长们都被雨凡认真又无奈的表情逗笑了。

教师解读

这次的户外角色游戏，大、中、小三个年龄段的小朋友们一起商量游戏内容，共同确立一个游戏主题，再分工带玩具。在这个过程中，大班哥哥选择了尊重弟弟的兴趣——玩汽车。可这一主题或许并不是他所感兴趣的内容，加之游戏在户外，同伴之间很容易分散，哥哥可选择的游戏内容与材料更广泛，身旁同伴带来的具备声、光、电的玩具一下子就吸引了他的注意力。当大班哥哥没有内部动机去带动弟弟们游戏时，他的注意力自然就被自己所感兴趣的事物转移，即使弟弟们一声声呼唤"哥哥"，大班哥哥依旧沉浸在变形金刚的海洋里无法自拔，将弟弟们"晾"在一边。

今天的游戏也给了雨凡不一样的心理体验，他既当了哥哥，也当了弟弟。正是这样的同伴搭配方式，雨凡不得不学会面对复杂的情境，用不同的沟通方式和哥哥、弟弟交流。当大班哥哥"靠不住"时，雨凡努力转换自己的角色，选择挺身而出，学着照顾身边的小班弟弟，想办法和弟弟一起玩。虽然语言、动作上略显稚拙，但这对雨凡来说却是质的转变。也因为户外这样自然、轻松、有趣的氛围，给了雨凡一个释放天性和从被动到主动的契机。此外，通过老师的鼓励和帮助，雨凡学着承担自己作为哥哥的责任。雨凡和弟弟的交流得到了回应与肯定，声音也逐渐响亮，自信的声音格外动听。

雨凡在爷爷、奶奶的呵护下长大，却也因此事事需要老师的帮助。当他发现不能像其他小朋友一样自己穿衣、吃饭时，便开始减少在集体中的存在感，以免总觉得难为情。对于雨凡这种内向又不善言辞的孩子来说，在与同伴的交流过程中，教师的帮助是至关重要的。每一次主动地和弟弟交流，教师都在背后给予了雨凡鼓励和支持，让雨凡学习怎样说、怎么玩。因此，在户外混龄活动时，教师要及时关注幼儿间的互动情况，分析不同幼儿的需要，提出解决策略，及时推进活动进行。

案例提供者：顾婷婷

4. 户外混龄游戏材料处处有

案例背景

大三班和中三班已经结对混龄游戏一年了,今年是第二个年头,大家也都大了一岁。在过去的一年里,甜甜和元元在班级里都比较内敛,不太善于表达自己的想法。两人结伴虽然每次都是紧密不分开的,可是交流甚少。今天,我们第一次在家长志愿者的陪同下混龄结伴出游玄武湖,元元的奶奶是家长志愿者之一。换了一个游戏环境,会不会有些变化呢?

幼儿信息

大三班幼儿:甜甜,女,2017年1月出生
大三班幼儿:草莓,女,2017年8月出生
中三班幼儿:元元,男,2018年1月出生
中三班幼儿:心心,女,2018年3月出生

观察实录

一路上,甜甜牵着元元,元元牵着奶奶默默地跟着队伍来到了玄武湖的

草坪。和弟弟玩什么呢？甜甜什么玩具也没带，默默地站在边上看着其他小朋友。元元陪着甜甜，感到实在无聊，便向奶奶跑去，依偎在奶奶身边，但眼光依然追随着甜甜。

这时，旁边的草莓把带来的一堆锅碗瓢盆从书包里拿了出来，一下子就把甜甜吸引了过去。草莓很热情地对着自己的妹妹心心和甜甜说："我们一起烧饭吧！"

甜甜高兴地应和："好呀！"

草莓说："我们去找点树叶当菜吧！"

听到指令的妹妹立刻开始寻找，而甜甜则在旁边找了许多石块，准备把石块放进锅里当菜烧。草莓立刻挪开锅，并制止道："石头哪能吃啊！我们放在锅下面当灶台吧！"

甜甜也不生气，欣然接受了草莓的建议，默默用小石块搭起了灶台。

我路过她们身边，草莓捧着一个盘子冲到我面前："方老师，请你吃！"

我惊喜地问："这里烧的什么好吃的呀？"

草莓得意地说："炒青菜呀！"

心心在旁边也很自豪："是我在那里捡的叶子当青菜的！"

我竖起大拇指："你们真会玩，还能找到树叶当菜叶，真有想法！"说完看了一眼"灶台"："哟！还搭了一个灶台呀，难怪我老远就闻到了你们这里的香味儿呢！"

甜甜听到了，捧着一个盘子高兴地蹦到我面前说："灶台是我搭的，方老师，请你吃马卡龙！"

我假装品尝后赞赏道："真能干，你不仅会做中餐还会做西餐点心呢！真好吃！甜甜，你弟弟呢？"

甜甜撇头朝着旁边一指："在那儿呢！他不愿意过来一起玩，就想和他奶奶待在一起！"

我循着方向看过去，发现了一些小秘密，对甜甜说："也不见得吧，你去试试找他一起玩呢，试试把这么好吃的马卡龙送给弟弟吃，也许他会很高兴！"

甜甜捧着盘子来到元元身边，元元看到姐姐来了，立刻躲进了奶奶的怀里。甜甜看看我，我鼓励道："没关系，你去请他吃！你告诉他可好吃了！"

甜甜怯怯地对着弟弟说："弟弟，请你吃马卡龙！"

弟弟开心地接了过去，蹲下身子，放在了自己搭的"灶台"上，刚刚好！

甜甜惊讶地对着草莓说："我弟弟也搭了一个和我们一样的灶台！"然后她回过头对弟弟说："弟弟，你真能干！"

弟弟不好意思地笑了。甜甜兴奋地说："弟弟，我们也去烧菜吧，你去捡一些树枝来，我们当锅铲！"

就这样，弟弟也加入了这个"温暖的大家庭"。

教师解读

户外游戏是幼儿生活的重要组成部分，能为幼儿创设多样化成长空间，给幼儿提供接触和探索大自然的机会。因其突出的开放性，能满足幼儿好动、好游戏的特性，使幼儿身心放松。幼儿对户外生活的向往和喜爱是不言而喻的。

户外环境提供了随处可见的、能满足不同年龄段想象的游戏材料，其材料具有可挖掘、低结构、取材方便、同种材料丰富等特点。在游戏和取材时，幼儿更多地表现出想象、合作、互助等行为。例如，案例中的幼儿把树叶当作菜叶、把树枝当作锅铲、用石头搭建"灶台"。"你搭灶台我炒菜"，游戏的分工合作在自然而然中形成。充足的低结构游戏材料、宽松的游戏氛围，满足了幼儿创造、想象、模仿的需求，推动了游戏的发展，推进了不同年龄段幼儿之间的交往与合作。

甜甜之前对于混龄活动的理解始终停留在只要弟弟在身边就算和弟弟一起游戏了。经过多次讨论后，她慢慢明白需要和弟弟玩起来。可偏偏此次活动一开始便出现了"失误"——准备不足，忘了带事先和弟弟商量好的游戏材料，甜甜手足无措，又在短时间内没有发起更有趣的游戏吸引弟弟。

同时，本次活动是第一次有家长志愿者的参与。弟弟面对更加亲密的家庭成员时进行了选择，依赖奶奶的心理促使他义无反顾地"离开"了姐姐，导致原本牢不可破的姐弟情瞬间"破防"。因此，便出现了之前的一幕：弟弟在奶奶身边玩，姐姐和同班同伴一起游戏。

从表象看，弟弟似乎不想参加活动，但没想到的是弟弟始终关注着姐姐的游戏，并没有沉浸在自己的世界里，因此才有了模仿姐姐用石块搭建"灶台"的游戏动作。

此次教师在姐弟关系中起到了催化剂的作用。教师发现了弟弟的模仿行为，鼓励姐姐与其交往，让姐姐勇敢地迈出了交往的第一步，"打破"了家人之间亲密的依恋关系，使弟弟从家庭关系向姐弟关系倾斜。姐姐在发现自己被模仿后很自豪，同时也给了弟弟大大的赞赏，拉近了两人之间的心理距离。还因为在户外，大自然给了姐姐更多随处可取的材料，使其提出了更进一步游戏的主张，丰富了游戏内容。至此，两姐弟真正愉快地玩在了一起。

案例提供者：方芳

5. 我被卡住啦

案例背景

我们小三班和大三班三次结伴，文文和美妞两个小姑娘几乎每次都会自主结伴游戏，两个小姐妹每次游戏都玩得不亦乐乎。今天我们两个班相约到大操场共同游戏，她们两人又一次结伴一起游戏。

幼儿信息

大三班幼儿：美妞，女，2017年8月出生
小三班幼儿：文文，女，2019年5月出生

观察实录

今天小三班和大三班结伴来到了大操场，文文和美妞一路手拉着手走到了目的地。

在自由活动的时间，大带小在场地上玩游戏，每张脸上都挂着笑容。忽然，我发现文文和美妞一直在足球门的旁边，我好奇地走过去，想看看她们在做什么。走近之后我发现，原来是文文的鞋子被卡在了球门的网里。

正在这时，大班老师提醒大班幼儿带着弟弟妹妹去喝水，休息一会儿。美妞一会儿看看被卡住的文文，一会儿又看看周围陆陆续续带弟弟妹妹去喝水的同伴，皱起了眉头，没等我反应过来，美妞忽然不见了。我有些奇怪美妞的去向，回头却看见文文气定神闲地站在球门旁边，换作平时文文早就开始号啕大哭向我求助了，今天怎么这么淡定？想到这，我向她走近了一点，刚准备询问，可是还没等我开口，美妞又风风火火地跑回来了，手上还拿着两个水杯。

原来刚才美妞是去放水杯的地方找自己和妹妹的水杯。只见美妞一边喘着粗气，一边将水杯递给了文文。文文拿起水杯，打开杯盖"咕噜咕噜"喝起了水，美妞也在旁边一起喝水。又过了一分钟，两个人依然在面对面喝水。

"姐姐，你想想办法，让妹妹的脚能出来，不然妹妹一直卡在里面。"

"哈哈，我被卡住了！"文文笑着说，美妞也笑出了声。

"你蹲下来想想办法，站着没有用。你先把水杯放在旁边。"我建议。

"剪开就行了，用剪刀就行了。"文文一脸认真地说。

"可是这也没有剪刀呀。"美妞回应。

"我家里就有剪刀。"文文对着美妞说。

美妞放下手中的水杯，蹲在文文旁边，尝试将球网从鞋子上拨开，鞋面上没有网了，可是文文的脚还是没出来。

"你的脚出来呀！"美妞拍了拍文文的鞋子。

"还是缠住了。"文文试着晃了晃自己的鞋子，发现还是被缠住的，边说边不急不慢地又喝了一口水。

"到底是哪里被缠住了呀？姐姐你再看一看，是不是解得不对呀？"我也蹲了下来。

美妞东摸摸西看看，额头微微出了一层汗，可是还是没有找到被缠住的地方，文文这时弯下腰指着自己的脚踝处说："这里！"

美妞用两只手试着拉开缠住文文脚踝的网，可是力气太小，网纹丝不动，再看文文，仍然在气定神闲地喝着水。

"要不你试一试把妹妹的鞋子脱下来？她今天穿的是高帮鞋，比较大。"听了我的建议，美妞立刻将文文的鞋子脱下来，终于把文文的小脚从球网中解救了出来，美妞长舒了一口气。文文穿上鞋子之后，对着美妞甜甜地说："谢谢姐姐！"

回班的途中，我问文文："今天你的脚被缠住了，你害怕吗？"

"不怕，姐姐会帮忙。"

教师解读

户外活动时，会遇到各种突发事件。文文被卡在了球门网里，如果在平时，她早就着急了，可是因为有姐姐的陪伴，她非常安心，不仅不着急，还一口一口喝着水。姐姐虽然开始的时候只是陪在旁边，但也给了文文足够的温暖。

在多次大带小活动中，幼儿间建立了亲密的关系，这让小班幼儿相信自己的姐姐，当自己被困住的时候，不仅不着急，还能和姐姐说说笑笑，哪怕姐姐忽然跑开，她也坚信姐姐一定会回来。

由于没有处理这类突发事件的经验，姐姐开始有些手足无措，但是在教师的提醒下，终于想到要把妹妹"解救"出来。此时妹妹也帮忙出谋划策，姐姐通过多次尝试，最终成功帮助妹妹脱困，也让姐姐体验了帮助妹妹的自豪感。

案例提供者：姜杨

6. 我的姐姐真厉害

案例背景

在全园混龄活动中，有一个中班的哥哥带着乐宝，然而当时他只会跑来跑去，完全忽视暖心哥哥的存在。进入大班后，一些哥哥姐姐根据自己的需要交换了朋友，乐宝的哥哥也换了一个新的妹妹。面对几次无人结伴的尴尬境地，乐宝有些无所适从，开始寻求教师的帮助。在一次两个班级之间的混龄活动时，小榄的弟弟没来，她独自一人。教师抓住机遇，把乐宝介绍给了小榄，活动结束后教师发现乐宝很愉快。

幼儿信息

大三班幼儿：小榄，女，2017年5月出生
中三班幼儿：乐宝，男，2018年7月出生

观察实录

今天我们班和大三班哥哥姐姐一起去大操场玩球，哥哥姐姐来班级找我们啦！

准备出发了，大家手牵手排好了队伍，就在这个时候我看见乐宝一个人站在队伍里，身边并没有哥哥姐姐。我就走过去问他："乐宝，你的哥哥呢？"

乐宝却说："蒋老师，我想去找小榄。"乐宝的声音有一些小，他抬头看着我，眼神里带着一些请求。

我环顾四周，看到了乐宝原来的哥哥，他的身边已经换了一个妹妹了。我蹲下身来，拉起他的手，问："你是想找上次和你结伴过的那个大班姐姐吗？"乐宝点点头，看着我，眼睛里立刻有了光。

我继续追问："你喜欢和小榄姐姐一起玩吗？"乐宝点点头。"那你可以去主动找她啊！"我鼓励乐宝。乐宝不肯去，只是拉着我的手晃，嘴里小声说着："不嘛，你带我去。"

见到乐宝这样，我拉着他的手，有意提高了一点音量，说："看，小榄姐姐就在那呢！"乐宝顺着我的声音，扭头望过去，然后拉着我的手，快步往姐姐那儿走去。看到小榄的乐宝脸上顿时露出了笑容，很主动地就牵起了姐姐的手。

来到大操场上，姐姐提醒乐宝："乐宝，我们一起喝点水吧！"乐宝听了姐姐的话，立即从书包里拿出自己的水杯，一边喝，一边看着姐姐。喝完后，乐宝主动将自己的水杯举起给姐姐看，说道："小榄，你帮我摇一摇，看看我喝完了没有。"姐姐接过杯子摇了摇，说："你的杯子都空了，肯定喝完了。我们一起去玩球吧！"

"小榄，我们到那边去玩吧！"乐宝用手指着远处的操场。"好啊！"姐姐立马答应她。于是两人一起飞奔而去。"你把球踢给我，我再把球踢给你！"乐宝很主动地发起游戏。一开始，两人站得很近，互相踢球，踢着踢着球就跑远了，乐宝又继续说："小榄，我们站得远一点吧，我们去大门那里踢吧！"

说着就把球抱着跑过去，姐姐也一直跟着他。"接住球！"乐宝大声朝着姐姐喊道。姐姐身体前倾，手臂张开，一下子就将球接住了，乐宝的语气充满了惊讶："这么难的球你都能接住，你好厉害哦！"受到夸赞的姐姐顿时笑开了花。

教师解读

进入中班，幼儿的交往需求进一步扩大，乐宝也不例外，加之突然面对没有哥哥带的局面，乐宝有了很大触动。因此他接受了老师的帮助，愿意和新的姐姐在一起暂时结对。第一次游戏之后，乐宝觉得很开心，也感受到了姐姐对自己的关心和照顾，所以他对这个新姐姐很依赖。在第二次混龄游戏时，出于担心姐姐不再带自己的心理，乐宝主动请求老师帮助他找姐姐，这是他的一大转变。

对于中班上学期社会交往能力稍弱的幼儿，教师的及时介入非常重要。教师要多观察和鼓励这类幼儿，促进他们与同伴之间的交往，建立起友谊。对乐宝来说，这次积极主动的转变不仅给他带来了新朋友，也让他有了一双发现同伴优点的明亮眼睛。

案例提供者：蒋艳

混龄活动中的交往策略

1. 老师的情境演示

表 1 "情境演示"内容与价值

游戏主题	幼儿游戏可能或已产生的问题	情境演示内容	指导目的和混龄活动价值
角色游戏	教师从幼儿的已有经验出发，在他们可能感兴趣的、常玩的角色游戏主题中预设了全园混龄游戏内容，预先投放了角色场景材料。但是，幼儿初次玩并不清楚游戏场地和基本的游戏规则。	1. 大屏播放游戏主题和各游戏场地的位置。 教师：有哪些游戏主题？在幼儿园的什么位置？ 2. 情境表演，大带小结伴商量选择游戏主题和基本的规则。 大班幼儿：哇，新增了游戏材料。妹妹，我们一起玩吧！ 小班幼儿：好的，可是这么多人怎么一起玩呢？ 中班幼儿：我们要有序排队！ 教师：游戏结束时要注意什么呢？ 幼儿：把物品归还原位，收拾整齐。	1. 帮助幼儿初步了解角色游戏主题内容和场地布局。 2. 引发幼儿讨论、思考，进一步明确多人混龄游戏中的安全注意事项。 3. 鼓励不同年龄段幼儿共享游戏材料，引发幼儿关注、讨论并达成相关约定的共识。
	班级汇集的材料丰富而多样，使得幼儿忙于购物，导致超市无人服务，秩序一片混乱。参与超市工作的幼儿没有分工的意识，且缺乏"工作"经验，面对蜂拥而上的顾客，货物一会儿全部售空，显得有些忙乱而应接不暇。	1. 呈现超市场景。 教师：超市里有哪些人？他们都分别做些什么事呢？ 教师根据幼儿回答进行梳理、补充。 2. 教师参与大带小情境演示。 教师：谁愿意到超市工作？你想做什么？ 大班幼儿：我来负责收银。 中班幼儿：我是服务员，负责收拾货物。 小班幼儿：我招待顾客。 教师：分好工，欢迎你们到超市工作，开始做自己的事情吧！	1. 引导幼儿结合已有生活经验，明确超市工作人员的分工和各自职责。 2. 引导幼儿学习运用对话进行分工、协商，共同担任超市中的收银员、服务员的角色。 3. 各自按照分工职责开展游戏，并相互"传授"或模仿经验。

续表

游戏主题	幼儿游戏可能或已产生的问题	情境演示内容	指导目的和混龄活动价值
角色游戏	幼儿在去超市购物的游戏中发现：购物需要"钱"。钱从哪里来呢？幼儿的已有经验是"从银行取钱"。于是，大班幼儿自动发起制作"钱"、刷卡、银行存取钱的游戏。但是，幼儿对于银行并没有概念，对存钱、取钱的操作方法不了解。	1. 呈现银行场景。 教师：银行有什么？怎么取钱？何时存钱？ 幼儿调动已有经验交流和讨论。 2. 大带小情境表演取钱。 大班幼儿：妹妹你看，取钱时我们要先插卡，然后按密码才能取到钱。你试试看！ 中班幼儿：好的，谢谢姐姐。（妹妹按姐姐说的尝试取钱） 大班幼儿：存钱也是一样的，先插卡，再输密码，然后把我们劳动挣的小贴花（虚拟货币）存到机器里，这样卡上就有钱了。 3. 互动和交流。 教师：除了支付钱币外，买了货物还可以怎样付钱呢？你见过爸爸妈妈是怎么付钱的？	1. 帮助幼儿明确生活中买卖需要"付钱"，丰富有关"付钱"的经验，鼓励幼儿学会形式多样的付钱（可用钱币、可刷卡、可手机扫码等）。 2. 丰富幼儿关于银行的认识，帮助他们初步获得存钱、取钱的经验。 3. 帮助幼儿学习对话，增加互动交往的机会。
玩具集结号	幼儿在结伴玩玩具时，因彼此间较为生疏，大多会选择自顾自地摆弄玩具。	1. 出示玩具，以问题"玩具是独自一人玩还是和同伴交换轮流玩？"导入，引起幼儿关注。 2. 三人结伴大带小情境演示。 大班幼儿：我可以和你交换吗？ 小班幼儿：我想玩自己的。 中班幼儿：我不想。 大班幼儿：我的汽车还会变形呢！我们交换玩吧！	1. 帮助幼儿丰富混龄游戏的互动方式，鼓励幼儿主动与不同年龄的同伴交往。 2. 引导幼儿学习基本的交往礼貌用语。 3. 引导幼儿学习交换玩具的策略，鼓励幼儿主动想办法。

续表

游戏主题	幼儿游戏可能或已产生的问题	情境演示内容	指导目的和混龄活动价值
玩具集结号	混龄游戏时,幼儿多是"三五成群"式的结伴游戏。当大家都带来玩具时,可以怎么一起玩玩具?怎样增加互动的趣味呢?	1. 教师提出问题"大家都带了好玩的玩具,可以怎么一起玩呢?"引发幼儿交流和思考。 2. 大带小的情境演示方法策略。 大班幼儿:又可以和你们一起玩啦!我带了小火车。 中班幼儿:我带了小汽车。 小班幼儿:我带了小娃娃。 大班幼儿:我们可以轮流玩玩具,先玩我的吧! 中班幼儿:我们还可以把玩具放一起玩。看,我的小火车可以载着你的小娃娃玩"坐火车"的游戏。 小班幼儿:对呀,你的小娃娃也可以开我的小汽车。	1. 引导幼儿通过讨论,知道不仅可以轮流共享玩具,还可以联合同伴的玩具丰富互动内容,进行创造性的游戏。 2. 在混龄游戏中进一步打破年龄界限,增加幼儿合作游戏的经验。
自由结伴游戏	混龄游戏打破了空间与游戏对象的限制,幼儿可以自由结伴并在园内自主选择场所进行游戏。但是,弟弟妹妹和哥哥姐姐之间常会因各种原因发生"走散事件"。	1. 教师提问"不小心走散了怎么办呢?"梳理策略。 2. 大带小情境演示。 教师:咦,你怎么是一个人呀?你的弟弟妹妹呢? 中班幼儿:我弟弟走丢了,怎么办? 大班幼儿:我们一起去找吧!怎么找呢? 大班幼儿:可以去找他的老师,还可以去他喜欢去的地方找找看!	1. 引导幼儿正确看待"走散"问题。 2. 帮助小班和中班幼儿增强规则意识,建立对哥哥姐姐的信任感,从而鼓励其与非同龄幼儿交往。 3. 帮助中班和大班幼儿加强对低幼年龄幼儿的关心与照顾,增强其责任心。

续表

游戏主题	幼儿游戏可能或已产生的问题	情境演示内容	指导目的和混龄活动价值
自由结伴游戏	教师组织幼儿讨论，了解"走散"的主要原因如下： 1. 幼儿在混龄游戏初期，因彼此不太熟悉，且更想和自己熟悉的同龄同伴游戏，会自发在过程中去寻找熟悉的同伴。 2. 弟弟妹妹与哥哥姐姐感兴趣的玩具不一样，双双都可能会被他人玩具吸引而忘记身边的同伴。 3. 游戏过程中幼儿有喝水、如厕的需求，各自回班喝水、如厕便会走散。	针对走散原因讨论相应的"不走散"的方法，并将策略梳理，进行情境演示。 大班幼儿：妹妹，你怎么啦？ 小班幼儿：这个不好玩。 大班幼儿：那我们一起去找找看吧！（陪伴寻找游戏同伴） 大班幼儿：妹妹，你也可以告诉我想玩什么玩具，姐姐下次给你带。（带弟弟妹妹喜欢的玩具） 小班幼儿：姐姐，我要上厕所。 大班幼儿：那这样吧！我们一起去我们班拿我的水杯，然后一起去你们班上完厕所出来喝水。（互相满足个性化需求）	1. 陪伴寻找游戏同伴：帮助大班幼儿学习通过满足弟弟妹妹需求的方式让其获得游戏的愉快体验；增加互动机会，建立情感。 2. 带弟弟妹妹喜欢的玩具：教师通过组织大班幼儿集体到小班进行一对一讨论，引导两个年龄段的幼儿关于"带什么玩具"进行对话与互动，引导大班幼儿结合自己的实际情况，尽可能关照、满足弟弟妹妹的需求；让小班幼儿感觉到被关爱，从而拉近彼此间的距离。 3. 满足个性化需求：帮助幼儿同时满足彼此需要，感受双方互相成全与满足需求的成就感与信任感。

（1）你为什么不交换

案例背景

混龄游戏开展初期，幼儿因彼此间较为生疏，在结伴玩玩具时大多选择自顾自地玩。为帮助幼儿在互动中建立情感连接，教师从幼儿喜爱的玩具入手，通过播放录制好的"交换玩具"视频，帮助幼儿学习基本的交往语言"我可以和你交换吗？"。

幼儿信息

大三班幼儿：甜甜，女，2017年1月出生

大三班幼儿：源源，男，2017年5月出生

中三班幼儿：凯凯，男，2018年1月出生

观察实录

今天的混龄游戏主题是"玩车"。甜甜带了一辆很小的手持玩具车，她的弟弟凯凯带来了一辆黑色酷酷的大轿车。凯凯拿着大轿车在操场边的花坛上开了起来，嘴里还不断发出"滴滴叭叭"的声音，甜甜则握着自己的小车跟随在弟弟身后，看着弟弟自顾自地玩耍。

甜甜带着试探的口吻喊道："弟弟，弟弟？"

弟弟并没有理睬姐姐，继续推着车向前走。

甜甜小心翼翼地伸出手拍拍弟弟的肩膀："弟弟，弟弟！"

弟弟停下了脚步，回头看了一眼甜甜。

甜甜轻声说道："我们交换玩，好吗？"

弟弟看了看甜甜手中的"小"车，没有说话，回头继续开车。

甜甜默默站在原地思考了片刻，小跑着追上弟弟并站到弟弟面前说："我们交换！"说着她一只手递出自己的车，一只手企图去拿弟弟手里的车。

弟弟见状，赶紧把自己的车藏在身后，一言不发，生气地看着姐姐。

姐姐的手扑了个空，着急地说："今天老师不是表演要交换的嘛，你为什么不交换！"

弟弟说："我就想玩自己的，不换！"

此时，和甜甜同班的源源路过，看到了这一幕，对着甜甜劝道："老师也说可以不交换的。我们俩换，我们三个一起玩吧！"他主动递上了自己的挖土车。此时，凯凯看到了挖土车两眼放光，对着源源说："我们换吧！"

就这样，源源的挖土车给了凯凯，凯凯的车给了甜甜，甜甜的车给了源源，三个小朋友一起愉快地玩起了交换来的"新车"。

（2）交换

幼儿信息

小三班幼儿：夏天，男，2019年3月出生
小三班幼儿：兜兜，男，2019年2月出生
小三班幼儿：二宝，男，2019年4月出生

观察实录

混龄游戏的集中环节，我播放了"交换玩具"的视频，兜兜边看边学着："我可以和你交换吗？"

游戏开始了，兜兜立马把自己带来的红色吊车举到我面前："老师，你看我带的车。我还有辆消防车在家里。"夏天被兜兜的车吸引了过来，围在兜兜的车旁边，小手摸了又摸，把脸凑到兜兜面前："兜兜，可以给我玩吗？"

"可以啊，我们交换玩。"兜兜说着就把车给了夏天，然后自己两手空空地站在操场中间，放眼寻找着自己想玩的车。

这时，拿着消防车的二宝刚好经过，兜兜立马走到二宝旁边问："我可以和你交换吗？"

二宝低头看了看两手空空的兜兜，没说什么便转身走了。

兜兜又跑到二宝面前，一边嘴上说着"我们交换"，一边便伸手要把二宝的车拿走。二宝急了，以为兜兜要抢自己的车，抱着车就跑。兜兜继续对着二宝大声说道："我们交换啊！"见二宝不理自己，兜兜着急地在原地跳了起来。随着二宝远去的身影，兜兜逐渐平静下来，不说话了。

不一会儿，耳边传来大哭的声音："给我！给我！"我转身看到是兜兜边追夏天边哭喊。我赶紧上前抱住夏天和兜兜："兜兜不着急，老师想问一下，这辆车是谁的？"

"我本来……有一辆消防车的……没有带来。我跟其他人……交换了车，他们不愿意……给我玩……我……就没有车了。"兜兜呜咽着，我抱着他帮助他慢慢平稳了情绪。

"你愿意把自己的车分享给其他小朋友，非常棒！但是交换的时候，你也要把对方的车怎么样？"我拍拍兜兜的背，让他平静下来想一想。

"拿过来玩！"

"对呀，要不然你手上没有车，别人愿意跟你交换吗？"

"不愿意。"兜兜回答。

教师解读

交换，顾名思义是"你的给我，我的给你"的过程。视频中教师扮演幼儿这种交换玩具，一方面，旨在借此增加幼儿互动的机会，激励其在玩具的吸引下发起交流，调动交往的内驱力；另一方面，帮助幼儿丰富游戏中的互动内容，增加混龄游戏的趣味性。然而，教师的演示情境却如"一千个读者眼中有一千个哈姆雷特"，对于不同年龄段的幼儿而言，有了不一样的理解与运用。小班幼儿兜兜认真关注着教师演示的"交换"策略，并积极通过语言与行动践行着"交换"。但他却因对交换对象和交换条件的理解偏差，体验了交换失败的茫然、焦躁与不解。教师的及时介入与抚慰，让兜兜对于"交换"这一概念有了更清晰的理解。大班幼儿甜甜，不再受理解能力的限制，紧跟着凯凯要求交换，面对凯凯的不同意，甚至将教师的演示内容作为说服弟弟的有利"筹码"。由此可见，在教师给予策略之后，比起"孩子用这个办法了吗？"更应关注的是"孩子怎么用这个办法"。教师应帮助幼儿在实际运用中真正理解策略背后的意义和找到恰当的使用方法，从而获得经验的增长。

混龄游戏令人惊喜之处在于：在这片充分开放的场域中，来来往往的每一个人都可能是某个事件的"助力者"。源源便是这场交换风波的"助力者"，他的出现，既让甜甜接纳了弟弟有不交换的权利与自由，理解交换是应该建立在双方都愿意的基础上，也意外成全了三人循环、完全交换的"美事"。

情境演示，让幼儿在教师的引导与支持下进一步丰富了交往的策略与方法；也让教师在观察、追随幼儿的需要和真切了解幼儿运用交往策略的实际情况后深受启发。师幼在充分融通的混龄游戏中同生共长。

案例提供者：秦蓉

2. 我用树叶找弟弟

案例背景

　　全园混龄活动每次都是大班的哥哥姐姐带着中班或者小班的弟弟妹妹一起游戏，有的时候他们会选择自己熟悉的伙伴结对，有的时候他们也会随机找到不同的朋友结伴游戏。在一开始互相不熟悉的情况下，在游戏的过程中，稍不注意，就会发生"弟弟妹妹、哥哥姐姐找不到了"的现象，这不仅让大班幼儿焦急犯愁，也会让小班幼儿茫然无措。于是，辨认弟弟妹妹就成了混龄活动中要解决的首要问题。

幼儿信息

　　大一班幼儿：小兮，女，2016年11月出生
　　小一班幼儿：点点，男，2019年3月出生

观察实录

● 请老师帮忙

开学第一天活动后,老师带领幼儿进行了上午活动的讨论。

"今天玩的感受怎么样?"

"弟弟妹妹一直在跑,我就一直带着他们跑跑走走。"小兮边说边用手指比画着什么。

"怎么才能让弟弟妹妹不丢呢?"老师接着询问道。

"可以请老师帮你。"小兮笃定地说道。

● 用树叶帮忙

"大带小找虫"活动后,幼儿回班集体交流。

"今天你们玩得开心吗?谁想来分享一下?"

经过统计,班级三分之一的小朋友都不太开心,原因大多是一边要找虫,一边要照顾弟弟妹妹,但弟弟妹妹总是丢。

小兮却高高地举起了手,说:"我!开心!"

"哦?为什么开心呢?"

"因为弟弟一直跟着我。"小兮的小下巴微微抬起,透出隐隐的得意。

"你的弟弟没有丢吗?"

"没有啊!我有办法。"

"你有什么好方法呀?"

"我拿了一片树叶给弟弟,这样我就能很快找到他,他就不会丢了。"小兮边说边点头,似乎对自己的方法充满了肯定。

"真是一个不错的方法呢,其他小朋友也可以用起来。如果你的弟弟妹妹乱跑的话,可以试一试!"听完老师的鼓励,小兮的眼睛弯成了两个小月牙。

小朋友们也纷纷小声议论起来。

"哦，原来可以这样！"

"这可真是个好方法。"

"哎？我怎么没想到？"

大乐不禁为小兮竖起了大拇指，说："小兮，你真棒！"

● 有很多好办法

各班老师也围绕"大带小不走丢"引导幼儿交流和讨论，汇总各种策略。

小班：如何辨认哥哥姐姐？

- 记住哥哥姐姐的名字。
- 记住是哥哥还是姐姐。
- 一直跟着哥哥姐姐，和他们牵好手。
- 一直说自己的名字，让哥哥姐姐来找自己。
- 记住哥哥姐姐的脸。
- 记住哥哥姐姐的衣服。
- 哥哥姐姐到哪里，就跟到哪里。

…………

中班：怎样认清弟弟妹妹和哥哥姐姐？

- 给弟弟妹妹一个贴画。
- 记住典型特征（眼睛、五官、服装等）。
- 约定集合的地方。
- 一直跟着哥哥姐姐。
- 平板拍照记录。
- 求助班级教师。

…………

大班：如何寻找弟弟妹妹？

- 妹妹的眼睛是班上最大的（外貌）。
- 翻翻班级门口的照片就能找到弟弟妹妹的样子了。
- 低头去找弟弟的鞋子。
- 用前书写记住的，五杠一就代表武恒毅。
- 看弟弟妹妹头发的长短。
- 看弟弟妹妹的班服是什么样子的。

……………

教师解读

幼儿从最初遇到问题的第一反应是找老师帮忙，到真正遇到问题后则是自己想办法解决。不变的是小班幼儿容易被新鲜事物吸引而到处乱跑的年龄特点，变的是大班幼儿在大带小活动中开始动脑筋解决实际问题。

幼儿的经验总是伴随着问题的出现，且在解决问题的过程中产生的。小兮在问题中思考，发挥了主观能动性，无意识产生的用"树叶找弟弟"的行为，成为她目前的有效策略，也正因为这个"妙想"，成为幼儿创造性解决问题的一个突破口，并且在集体的分享交流中从一个策略引发出多个策略，从单一个人的经验转化为集体多人的经验。

这也充分说明了，混龄游戏中幼儿遇到的个别化问题也有可能是群体潜在的共性问题。教师要把握契机，只有充分发挥集体研讨的作用，才能真正促进幼儿积极思考、主动解决问题，推进幼儿在活动中的积极发展。

案例提供者：徐嘉怡

3. 我表演给你看

案例背景

子旬是班级年龄小的孩子，虽然语言表达能力比较强，但是说话的语气生硬，表达直截了当。每次大带小游戏结束总能听到来自子旬的"吐槽"，抱怨哥哥姐姐不接受自己，即使自己说了很多话、做了很多事，但仍然无法加入哥哥姐姐的游戏中。但是，子旬他自己似乎并没有意识到这个问题，需要我们想个办法巧妙适宜地帮助其认识并逐步调整自己，以获得良好的交往体验。

幼儿信息

中一班幼儿：子旬，男，2018年7月出生

观察实录

大带小游戏刚结束，子旬小朋友面露难色地坐在我身边，一言不发。看样子他是遇到了一些困难。

"子旬，今天玩得开心吗？"我蹲下来问道。

"不开心。"子旬边摇头边说。

"为什么不开心呢？发生了什么事情呀？"我追问道。

"我的大班哥哥不跟我玩。"

"为什么不跟你玩呢？"我问道。

"哥哥根本就没理我，我也不知道什么原因。"子旬略显委屈地说。

"那你跟哥哥协商了吗？"我问道。

"我说了。"

"那你是怎么说的呢？"我问道。

"我说，我们可以一起玩吗？"子旬说。

"那哥哥呢，哥哥怎么说？"我又问道。

"哥哥就看了看我，没有理我。"子旬皱着眉头回答。

事情说到这，我也在思考：是否是大班哥哥的原因。仔细一想，子旬是怎么问的呢？他的表情、动作、当时的场景又是什么样子呢？

"子旬，你到底是怎么跟哥哥说的？是站着？坐着？是大声还是小声？……"我追问。

子旬一遍又一遍地说着，而我也在思考：子旬运用了协商的交往策略呀，到底是什么原因让哥哥不接受呢？

"到底是什么原因呀？我还是很奇怪哦！"我仔细询问。

子旬无奈地叹了一口气说："我表演给你看，你看就是这样，'哎，我能和你一起玩吗'？"

看着子旬的表演，我似乎明白了。原来，子旬站在哥哥面前，哥哥正蹲着玩车子，子旬询问的语气略带生硬。

"哦，原来问题出在这儿！我和邵老师表演一下，我们一起来看一看这样的'商量'是否合适哦！"接着，我和邵老师根据子旬的描述现场还原了场景。

"是这样吗，子旬？"表演完毕，我问道。

"嗯，是的。"子旬点头。

"大家说说看，这样的协商你们觉得怎样？"表演后我问道。

"不合适。"子旬和朋友们异口同声地说道。

"有什么问题呢？不是也问了'你能和我一起玩吗？'这句话吗？"我问道。

"你说话要温柔一点，别人才喜欢。"

"要蹲下来和哥哥姐姐讲话。"

"说话得有礼貌。"

"多问几句，不能只问一次就离开。"

"可以用自己的玩具吸引哥哥的注意。"

…………

孩子们七嘴八舌地说了很多方法。

"小朋友们方法真多呀！子旬，你觉得呢？"我朝子旬问道。

"我觉得我要温柔一点说话。"子旬笑眯眯地说，似乎有点不好意思。

"怎么温柔地说话呢？我们来试一试吧！"

"好的！"子旬边点头边回答说。

"我们找一位好朋友表演一下。"话音刚落，孩子们立即找到了自己的好朋友，笑眯眯地，用礼貌的、好听的声音，看着朋友的眼睛对朋友说："我们一起玩吧。"

教师解读

中班初期的幼儿对某个事件的描述存在偏差，这与幼儿的语言表达能力、情感倾向、感受体验等多种因素相关。对于事件描述不清，不仅仅是语言表述完整性不够，还包括对于当时的环境、说话的口吻、表情和语态、肢体动作等方面的还原度有缺失。因此，集体协商和教师引导进行场景"复盘"就显得比较重要。

通过教师的情境表演，让场景再现，突出问题所在，可以让幼儿在情境中直观地感受和发现问题，并在当下的情境中思考解决问题的办法。结合同伴的建议，现场调整自己的语言、语速、肢体、表情等，巩固练习与同伴友好协商交往的办法，从而帮助自己获得更多的交往经验。

社会交往能力的发展是潜移默化的，很多问题的发现和解决需要建立在真实还原"当时发生的事"的基础上，还原事件发生的始末很重要。另外，教师和幼儿讨论、总结的交往策略是丰富多样的，但策略的使用率和成功率比较低，原因往往是成人觉得"孩子掌握了"，但是孩子运用策略时会有明显的缺失，如语言完整性、肢体动作、情感表达等。因此，集体讨论后总结的方法幼儿需要及时练习和实践，将集体的策略转化为自身的经验。

案例提供者：冯甜甜

4. 男孩子就应该"凶"一点吗

案例背景

橙子是我们班一个自控能力比较弱的孩子，在感统方面，正常的该年龄段的孩子如果得分在 6 分及以下，就需要介入治疗，而橙子在医院检查结果是 4 分，属于感统失调的特殊儿童。伊伊是一个社会性交往也比较一般的男孩子，不强势，也不主动与他人交往。老师带着本班幼儿和中三班的幼儿一起商量明天要带的玩具，橙子一如既往带的是前几次混龄游戏玩的越野车，而伊伊带的是一个像吊机一样的乐高玩具。

幼儿信息

中四班幼儿：橙子，男，2018 年 2 月出生
中三班幼儿：伊伊，男，2017 年 12 月出生
大三班幼儿：优优，女，2016 年 9 月出生

观察实录

混龄游戏开始后，第一次结伴的橙子和伊伊在一起玩了一段时间后，并

没有什么语言上的交流，渐渐开始分离到其他地方去玩了。

橙子跑到了小滑梯房子边，优优带着一个妹妹在房子里玩，橙子在没有经过别人同意的情况下，就直接闯进去了。

优优说："这个房子里面太挤了。"其实优优是想让橙子出去。橙子习惯性地像往常一样往地上一坐，理直气壮地说："反正我是不出去，要出去你们出去，男孩子就应该要凶一点。"

优优也不依不饶指着橙子说："哼，你不出去，我也不出去。"两个人就在房子里僵持着，什么话也不说，一旁的妹妹看着优优和橙子争执着。过了一会儿，妹妹先出来了，优优看到自己的妹妹出去了，她急得赶紧去追，放弃了跟橙子的僵持。

游戏结束之后，橙子想起来自己的车子了，满操场漫无目的地找。我见状，给他一些提示："今天你和哪个好朋友一起交换玩具玩的？在什么地方玩的？"

橙子在我的提示下，最终在滑梯那里找到了自己的小越野车。

结束后，全班集中讨论今天的混龄活动。

我按照惯例询问："你们今天和哥哥姐姐玩得开心吗？"

橙子不假思索地回答道："今天我和好朋友玩得很开心。"

我追问道："你为什么会感到开心呢？"

橙子眯着眼睛笑着说："反正玩了就是开心。"

"那你和一位姐姐在小滑梯里面玩游戏的时候有没有遇到问题呢？"我有意提醒他。

橙子看着我，摇摇头说："没有遇到问题啊！"

于是，我和方老师决定复盘当时的情景，也是想借此事件帮助他学习交往，对自己的行为能够反思。

我问道："当我们遇到在很小的玩具房子里，我想进去玩，哥哥姐姐又不同意的情况时，应该怎么办呢？"

"可以等一等，等他们玩好了之后再进去。"

"可以问问哥哥姐姐我们能不能进来玩一会儿。"

"要和哥哥姐姐商量一下，等哥哥姐姐同意，我们才可以进去，不能直接闯进去。"

孩子们想到了很多办法。

教师解读

在滑梯房子中，橙子没有意识到自己今天的语气、眼神在实际的交往过程中给别人带来的不好影响。对于特殊幼儿，教师需要格外关注，甚至是要用一句一句的语言带领这类幼儿与同伴友好进行交往。

案例中的橙子在交往的过程中不会处理与同伴共享游戏空间的问题，虽然在混龄游戏活动开始前，有教师的情境表演，但在现实发生的事情中，对于交往困难的幼儿，他们往往不能够及时联系到教师的情境表演。如果要更好地运用情境表演中的交往策略，需要在实际的情景中不断练习，甚至需要教师发现问题之后，再及时指导。如果事后带这类幼儿再去回忆交往过程中的细节或者问题，可能让他们脑海中再现情景相对比较困难。因此，帮助特殊幼儿获得多元的解决共享空间问题，教师可以通过集体讨论的形式，借助同伴的力量，通过复盘当时的游戏情境，让其在同伴评价和交流中，了解合适的交往方式，反思自己的行为，倾听、学习同伴的解决策略，借此来帮助幼儿树立正确的男孩子形象，积累经验策略，让幼儿真正意识到"男孩子凶一点"是交不到好朋友的。

案例提供者：许宇翔

5. 把爱大胆说出来

案例背景

小班幼儿在开学后结识了中大班的哥哥姐姐，一起游戏，一起熟悉幼儿园。每个小班幼儿的性格不同，有的对哥哥姐姐热情相迎；有的躲在老师身后不敢上前；还有的渴望和哥哥姐姐游戏，又不知道怎样开口……在大带小活动中，他们多数处于被动等待甚至逃避的状态，这也使得大班幼儿面对"封闭"起来的弟弟妹妹有些"无从下手"。因此，我们针对这一现象进行了"破冰行动"，让沟通为幼儿的友谊构建桥梁。

幼儿信息

小一班幼儿：小玄，女，2019年1月出生

大一班幼儿：小瑜儿，女，2017年2月出生

观察实录

● 鸿沟

"小玄的性格太犟了！"小玄妈妈在第一次家访中，一见到老师便这么说

道。到底是怎样的犟呢？在大带小活动中，我们有了深刻的体验。

在活动中，小朋友们各自准备了一辆玩具车，大带小结对一起玩。小玄跟着姐姐小瑜儿在操场上找了一片空地坐下玩耍。可没一会儿，小瑜儿便皱着眉头找到了我，一出口便是大声抱怨："老师，你们班那个妹妹，我实在是没办法啦！"这是怎么啦，我赶紧跟上看看发生了什么。

小瑜儿一屁股坐在地上，指着小玄说："我说什么她都不理我！"她边说边想演示给我看，她拍向小玄的肩膀喊道："妹妹！"谁知小玄抿紧嘴巴，迅速地原地一转，背对着我和姐姐，假装没听见！

小瑜儿双手一摊："喏，就是这样。"

由于我之前已经对小玄的性格有过一定的了解，知道她对于人际交往并不抗拒，只是性格十分慢热，如果过于急迫地拉近关系反而会引起小玄的反感。于是我先安抚了姐姐的情绪："没关系，她现在还不太熟悉你，所以有些紧张，给她一点适应的时间，我先和你玩吧。"

与其说是我们先玩，不如说我在观察小玄对我们游戏的反应，寻找"破冰"契机。

接下来小玄的反应有趣极了，她的想法完全表现在了脸上，可脸上的表情和手上的动作呈现了截然相反的状态。

只见她微斜着头，眼睛好奇地观察着姐姐的一举一动，手上则无意识地滑动着自己的小车。我看到后一边瞄着小玄的方向，一边故意大声说道："哇！姐姐你这辆车真有意思，还能变形呢！"

小瑜儿闻言，立即让玩具车"咔咔"变形动了起来，一边快速回头关注妹妹的反应。谁知小玄接收到姐姐的目光，立即两眼一闭转过头，用动作演绎了什么叫"变脸"。

小瑜儿转过脸撇着嘴，我只好安慰道："我们先不看妹妹，她会紧张，我们悄悄的啊。"

小瑜儿似乎感受到了这个"游戏"的有趣，她不再大幅度转身，而是把小车放在小玄能看见的那一边游戏。同时她学着小玄的样子，悄悄歪过头察看小玄的反应，如同小猫钓鱼般等着"小鱼"上钩呢！

看着我俩玩得热火朝天的样子，小玄终于忍不住有所行动了，她将自己的小车"哗"地向这边推过来，小车一下子冲到了我和姐姐的面前，小玄则沉默地在原地等待着我们的反应，眼睛睁得特别大，透露着期待。

这次小瑜儿格外"冷静"，她将小车拿起来小心翼翼地递给妹妹，看到妹妹接过后，便低下头继续玩了起来。

看着小玄接过车后，有些愣愣地站在原地，我忍不住询问道："我们要不要招呼妹妹来玩呀？"

小瑜儿摇摇头："不了，我怕一说话她又跑了。"

"好吧。"恰逢游戏时间结束，小玄拿起自己的玩具，低着头，不怎么高兴地回到了教室。

● 架桥

回到班级，由于小玄遇到的问题并不是个例，班级中有许多小朋友都遇到类似的问题，我便和小朋友们展开了集体讨论。

我首先询问道："你们喜欢哥哥姐姐吗？"

小朋友们无精打采地回答道："喜欢。"声音中透露着不确定。

我又询问道："那哥哥姐姐喜欢我们吗？"

这次回答的声音多了一些："喜欢！"

"你们怎么知道哥哥姐姐喜欢我们的呢？"

小朋友们纷纷举手回答：

"哥哥姐姐会陪着我们一起玩。"

"姐姐会把玩具让给我。"

"哥哥玩的时候会等我，我要是不见了，哥哥会一直找我！"

"玩滑梯的时候，哥哥姐姐会在旁边保护我！"

……………

越来越多的小朋友站起来回答，还有小朋友说："不带哥哥姐姐玩的话，他们会难过的！"

最终，小朋友们得出答案："哥哥姐姐是爱我们的呀！"

我再次询问道："那你们喜欢哥哥姐姐吗？"

这次所有小朋友一起肯定地回答："喜欢！"

我补充道："我们不需要去害怕哥哥姐姐，要把自己的想法说出来，哥哥姐姐才能帮助我们。如果什么都不说，哥哥姐姐就不知道我们到底想要什么啦！"

● 过桥

又是一次大带小游戏，这次带的是自己喜欢的玩具。在游戏前，我拉着小玄的手和她再次确认："小玄喜不喜欢姐姐呀？"

小玄眼睛顿时亮了，点点头。

我鼓励道："喜欢要用嘴巴说出来，不然姐姐会以为小玄不喜欢她，小玄喜欢姐姐吗？"

这次，小玄用干脆的声音回答："喜欢！"

"那如果有困难要告诉谁来帮忙呀？"

"告诉姐姐！"

"如果姐姐和你说话怎么办呢？"

"我也要和姐姐说话！"

"对啦！这样小玄肯定能和姐姐玩得很开心！"

游戏开始，小玄抱着自己的海豚玩偶，紧紧贴在姐姐身边，还是有些紧张。

小瑜儿也将自己带来的玩具大方地放在小玄面前，邀请她一起玩。我在一边观察着，两人之间虽然还是不怎么交流，但并未再出现逃避的现象。

● 破冰

　　契机很快到来，小玄的海豚玩偶不知何时不见了。小玄小脸紧绷，声音都有些抖："老师，我的玩具不见了！"

　　我立即意识到机会来了，问道："刚刚是谁陪着你一起玩玩具的？"

　　小玄指着不远处说："是姐姐。"

　　"那你快去找姐姐帮忙，姐姐肯定会帮你的！"

　　小玄此时也顾不得紧张和害羞了，一路小跑到姐姐面前，声音中都透露着委屈："姐姐，我的玩具找不到了！"

　　小瑜儿一听，二话不说牵起了小玄的手："是不是那个海豚？我刚才看到的，我带你去！"

　　小玄被姐姐拉着一路飞奔，听着姐姐在前面不停地招呼认识的朋友："你有没有看到一个毛绒海豚？是我妹妹的玩具，她找不到了……你刚在哪儿看到的？你带我去！"听着语气比小玄还着急，小瑜儿在攀爬玩具边上上下下地到处寻找。

　　我在一旁观察到，小玄原本紧绷的嘴角早就放松下来，甚至还翘起嘴角，这就是被人保护的感觉呀！

　　最终，小瑜儿从角落中找回了玩偶塞进小玄的手里："妹妹，你要保管好哦！"

　　虽然姐姐一脸严肃，但小玄却一点也不害怕，甚至主动大声回答："好！谢谢姐姐！"

　　我旁敲侧击道："姐姐帮你把玩具找回来了呀，姐姐太厉害了！你喜不喜欢姐姐呀？"

　　小玄兴高采烈地笑着，肯定地回答："喜欢！"

　　小瑜儿原本严肃的脸一下子破功，露出了想笑又不好意思的表情，拉起小玄的手，继续去玩游戏啦！

教师解读

幼儿的性格是多样化的，行为习惯也具有个性化的特点，但有一点相同的便是幼儿对他人情感态度的敏感性，他们最能直观地感受到别人对自己的感情。但感受是一回事，怎样合理地接受和表达又是另一种情绪能力的培养。我们要从幼儿的行为表现中发现他们的真实情绪，鼓励他们接受自己的情绪、表达自己的情绪，同时回应他人的情绪。

小玄被家长定义为"犟"，可在实际观察中可以发现，她是因为拒绝交际而犟吗？并不是，而是因为一系列复杂的过程，想要参与又不知道怎样参与，只能被迫等候他人将自己拉入游戏，可在接收到邀请之后又不知如何反馈，只能逃避，从而错过了姐姐递来的"橄榄枝"，留下遗憾。如果未及时引导，这次的失败经验很有可能成为一个横隔在小玄和姐姐之间的误会，将两人间的距离拉得更远，即使姐姐付出了很多努力，但在"零交流"的情况下，游戏也很难再继续下去。

真挚的感情是拉近彼此距离的桥梁，大孩子的交往方式是小孩子的学习榜样，他们通过模仿学习，将他人的经验转化为自己的经验；同时小孩子也可以作为交流的发起者，大孩子在付出的同时，需要来自小孩子的情感反馈和肯定，这能帮助大孩子及时调整自己的交往方式，为持续交流增添动力。两者之间相互促进，循环往复，才能更好地推进大带小活动的延续。

案例提供者：黄丹婷

6. 大带小的传递

案例背景

小柏小班时结对的大班哥哥萌宝，现在已经上了小学二年级。萌宝性格有些内向，与班级幼儿在日常交往中语言较少，同老师交流中有时情绪激动或是焦急时，表达还有点结结巴巴，不够流畅，因此在班级内的"活跃度"较低。小柏是一个非常活跃的小朋友，很愿意与人交往，活动中常会开心地到处奔跑。

小柏升入大班成为姐姐后，结识了小宁。小宁是中班年龄较小的孩子，上幼儿园前，她的主要陪伴者是奶奶。因小宁体质方面因素影响，居家活动时间比较多，外出交往活动相对较少。初来幼儿园时，大带小活动是小宁比较"抗拒"的。

幼儿信息

前大一班幼儿：萌宝，男，2014年10月出生

大一班幼儿：小柏，女，2017年2月出生

中一班幼儿：小宁，女，2018年7月出生

观察实录

● 小柏与萌宝

"萌宝！萌宝！不要跑！"我看萌宝在操场上窜过来窜过去，太危险了，这么多小朋友，万一撞倒他们怎么办。

"和弟弟妹妹一起找一个空地方玩玩具，不能在操场上快速地跑，很危险的，知道吗？"我拉住萌宝，蹲下来帮他擦了擦头上的汗。

"嗯……嗯……我知道，我要把她带着，和我一起，她一直在跑。"萌宝急地跺着脚对我说。

"谁在跑啊？"我有点摸不着头脑。突然，我反应过来，他怎么是一个人，他的妹妹呢？这时我恍然大悟，原来他要去找妹妹。

"我的妹妹啊。"萌宝弯下腰抓着裤脚，膝盖还微微颤动，表情很焦急。

"哦，你要去追妹妹，是吗？"

"对啊，她……她在跑，我……我要保护他。"萌宝就连说话时眼睛都在四处张望。

说完，萌宝立刻就在人群中"锁定目标"，并"精确追击"，跑过去拉着小柏的手，给她玩自己的玩具。

"我们一起玩吧。"萌宝已经是满头大汗。

"嘻嘻！"小柏对着萌宝露出标志性的笑容，一双眼睛弯成了小月牙。

虽然萌宝不太会表达，不知道怎么能使小柏安定下来，但是他依旧紧紧跟随小柏，保护她。两人时不时地歇下来玩一玩玩具，互相说说话交流着。

连续几次的大带小的活动，都看

到萌宝在追着小柏。就这样，在萌宝不断追逐小柏的过程中，他们建立了感情。一直到萌宝上小学后，我们偶遇他，和他聊天的时候，他还惦记着"小柏是我的妹妹，她很可爱的"。当我们有时问小柏，她也是一样，一提到萌宝就会笑着说："我想他了。"

● 小柏和小宁

大带小游戏开始了，升入大班的小柏主动找到了小宁，小宁也笑眯眯地和小柏拥抱在一起，随后二人手拉手一起去玩啦！

两位小朋友玩得不亦乐乎，小柏一直拉着小宁的手，迈着统一的步伐边走边说边笑，完全沉浸在游戏的快乐中。小宁向姐姐介绍着自己的玩具车，小柏向妹妹介绍着纸伞，二人时而停留在某个地方，时而在幼儿园漫步，彼此的脸上都洋溢着开心和幸福。

不一会儿，小柏带着小宁径直走向我。

"姐姐，这是我的老师，她是冯老师。"小宁向小柏介绍着。

"我认识冯老师呀，妹妹。"姐姐用略带自豪的语气回答说。

"哦，我还以为你不认识呢！"小宁捂着嘴笑了起来。

"冯老师，你看我的伞。"小柏姐姐举起伞介绍道。

"这把伞是你自己做的吗？"我问道。

"是呀，上面是我自己画的。"小柏有点得意地展示着。

"姐姐带伞给我打的。"站在一旁的小宁也积极参与互动。

"为什么要给你打伞呀？"我问道。

"因为有小雨，姐姐就给我打伞了。"小宁回答说。此时，站在一旁的小柏连连点头，表示赞同。

"只有一把伞，给谁打呢？"我故意问。

"我给妹妹打伞，因为她小。"小柏不假思索地说。

"那你怎么办呢？"我追问道。

"我没事，我还有帽子呢。"此时的小柏笑了起来，眼睛眯成了一条线。

伴随着《回家》的音乐声，游戏结束了。然而，姐妹俩并没有要分开的意思，依然手拉手在操场上边走边聊，似乎有说不完的话。两人慢慢悠悠地走着，小柏把小宁送到了楼梯口，似乎有点依依不舍地在说着什么。

"小宁，刚才在楼梯口跟小柏姐姐说什么呢？"我问道。

"姐姐让我上楼小心点。"小宁回答说。

"还说了什么啦？"我追问道。

"我不想和姐姐分开。"小宁瞪着大眼睛看着我说。

"为什么不想和姐姐分开呀？"我有点好奇。

"因为姐姐喜欢我。"小宁挠了挠头回答说。

接着，我又找到了小柏。"小柏，你跟妹妹在操场上说什么呢？"我问道。

"妹妹说不想和我分开，我跟她说'你要学会自己玩，下午我们还能在一起玩呢'。"小柏回答说。

"妹妹很喜欢你呀，你开心吗？"我有意透露。

"开心呀！"小柏笑眯眯地说。

"为什么妹妹那么喜欢你呢？"

"因为我教妹妹很多知识，我给她打伞，教她玩游戏，我照顾她。"小柏自豪地说道。

"哦，那你还愿意和小宁妹妹一起玩吗？"我追问道。

"当然啦，妹妹很可爱也很听话，我喜欢她。"小柏不假思索地回答。

"嗯，小宁妹妹等着你下午去找她哦。"我鼓励道。

"好的。"小柏使劲点了点头,一蹦一跳地回班了。

教师解读

社会学习是一个漫长的积累过程,教师应该为幼儿提供人际间相互交往和共同活动的机会和条件。小柏这三年的成长,让我们发现混龄大带小的环境,给予了大班与小班幼儿转变的机会,同时完成"爱"的接力。

小宁在小班时期比较"抗拒"大带小活动,来带她的哥哥或姐姐最终都很难成功。然而经过多次的大带小活动,通过教师的帮助引导和她自身的努力,当她在中班结识了小柏后,小宁的社会交往行为在悄悄地发生变化:初期只接受本班老师,不接受任何小朋友(包括本班幼儿)—在老师的陪伴下能尝试和哥哥姐姐一起玩—主动跟着自己班级的朋友一起玩—独立和大班的哥哥姐姐一起玩—主动邀请不同的朋友一起玩—成为班级朋友最多的人。这一系列的蜕变让小宁在交往游戏中更自信、更主动。而促使小宁完成社交上这一大转变的是小柏的爱与付出。小柏在小班时,在一次次的追逐中感受到哥哥对自己的爱。随着年龄的增长,到了大班当了姐姐后,她迁移与萌宝相处的经验,再次将自己作为姐姐的爱心与同理心激发出来。看到小柏从小班到大班这三年的转变,我们逐渐发现,混龄活动可以不断提升幼儿的责任感,同时激发幼儿的潜能。

在这种混龄的活动中,大班与小班幼儿之间是相互促进、共同成长的。小柏很向往交朋友,但是小班幼儿的年龄特点,使得其往往不太会用语言表达自己的想法,更多的是动作先于语言。她当下的交往行为可能就是"跑","跑"也体现了她交往到哥哥后激动的情绪,她想要和哥哥在奔跑中游戏。萌宝却是一个不爱说话的孩子,平时能走路就不会跑。但是在全园混龄的大环境中，萌宝有了责任，有了保护欲，开始显现出责任感和任务意识。两个性格反差较大的幼儿组合在一起，经过一次次的磨合后，两人能手牵手一起游戏，互相惦记着对方，这产生的化学反应出乎我们的意料。造成这一现象的原因是大班与小班幼儿共同的调整与双向的奔赴。

我们可以发现，这横跨三届的幼儿在混龄中会有相互正向的积极交往，保护与关爱的接力棒，在一直传递着。

案例提供者：邵英聚

7. 大姐姐冬冬

案例背景

进入大班，冬冬从中班的妹妹变成了大班的姐姐，这种变化促使她不断适应和接受新的角色，在带领中班妹妹的过程中，冬冬也结识了小班妹妹。全园混龄活动，在大带小的过程中冬冬和妹妹已经建立了一定的情感，而情感无时无刻不联系着她们。

幼儿信息

大二班幼儿：冬冬，女，2014年12月出生
中二班幼儿：小石榴，女，2015年9月出生
小二班幼儿：赞赞，女，2016年11月出生

观察实录

● 初期：我的妹妹不见了

大带小开始了，孩子们纷纷拿出自己提前准备好的玩具。冬冬一手拉着中班的妹妹，一手拉着小班的妹妹："妹妹们，你们都带了什么玩具？想去哪

儿玩？"很快她们便选择好游戏场地，开心地玩起来了。

当活动结束时，冬冬发现小班的赞赞不见了，她四处张望，大声呼喊："赞赞！赞赞！……"

"别着急，怎么了？"我摸了摸冬冬头，安抚她的情绪。

"我小班的妹妹赞赞不见了，刚才还在这儿的。我就在这收拾玩具，一转眼她就不见了。"她看着刚收好的玩具，语气中透露着不解。

"那怎么办？"

她想了想，对着小石榴说："妹妹，我先把你送回班，再去找赞赞。"小石榴点了点头。

过了10分钟左右，冬冬满头大汗地走向班级，气喘吁吁："沈老师，我把幼儿园找了一遍，终于找到小班的妹妹了，原来她跟她们班的老师回班了。"

"冬冬，你真是个负责任的大姐姐。"我边说边拿纸巾帮她擦了擦汗。

她开心地笑着说："我还和赞赞约定好，下次收玩具时也要和我在一起，不能随便乱跑，我负责送她回班，保护她的安全。"

● 中期：谁来带我的妹妹？

今天是周一，冬冬因身体不舒服已请假，但是早上她却准时来到了幼儿园。

看到冬冬，我很诧异："冬冬，你不是已经请假了吗？"

冬冬满脸焦急地走向我："沈老师，我是感冒请假了，可是今天周一要举行大带小活动，我要是不在，谁来带我的妹妹？万一我的妹妹没人带，她们肯定很伤心，这可怎么办？"

看着她焦急的面孔，我安抚道："你放心吧！这周没有大带小活动，我们两周举行一次，下周一才有。"

冬冬松了一口气："太好了，那我感冒要早点好，下周就可以带妹妹了。"

● 终期：妹妹，下次我就带不了你们了！

本周的混龄活动，冬冬一改往日的活泼与兴奋，她满脸忧愁。

"冬冬，你不是最喜欢大带小游戏的吗？今天怎么了？"我关切看着她。

她抬头看向我，眼眶里泪珠在打转："沈老师，今天是我在幼儿园最后一次参加大带小活动，我马上就毕业了，以后就带不了妹妹们了。"

我摸了摸她的头："没关系，以后你可以回幼儿园来看她们。"

"嗯嗯！"冬冬郑重地点了点头，说着她重拾笑容去找中、小班的妹妹们。

马上就活动结束了，冬冬拉着妹妹们的手："妹妹，下次我就带不了你们了。"

赞赞紧紧地拉着冬冬的手，语气中透露着着急："姐姐，你为什么不带我们了？"

看着妹妹一脸焦急，她安抚道："因为我马上就上小学了，所以这是最后一次带你们了。小石榴你马上就是大班的姐姐了，以后也要照顾弟弟妹妹了。赞赞你也长大了，可不要再'跑丢'了，要帮小石榴一起照顾小班的弟弟妹妹哦！"

"姐姐，我们好舍不得你！"

"我也好舍不得你们！没关系，我到小学也会回来看你们的。"说着，她们三人紧紧地抱在了一起。

这时活动结束的音乐响起。冬冬说："走吧！我最后一次送你们回班！下次你们就自己回班喽！"在轻快的音乐中，她们三人手拉着手走向班级。

教师解读

在混龄活动中，随着年龄的增长和环境的变化，幼儿个体的角色也在不断地变化。作为刚升入大班的幼儿，冬冬从第一次被要求送弟弟妹妹回班，担心妹妹走失，全园寻找到牵挂妹妹没人带，即使是生病也要主动入园以及最后升学告别中的温馨交代与不舍，我们不仅看到了冬冬在与妹妹的合作、交往和学习中逐步有了积极的情感情绪体验，也看到了冬冬充分展现出大姐姐的风范，关心爱护妹妹，以及她的责任心逐步发展的过程，这些在她的言语、行动上都有很大的体现，这些独特的情感体验是难以从同龄交往中获得的。

而小班幼儿在交往的过程中，在获得关心感受的基础上，对责任心也有了感受和认识。混龄教育为幼儿创造了一个较为复杂的、动态的小型"社会环境"，幼儿在混龄游戏中的角色是动态的，是不断发展的，从最初的被照顾，发展到照顾别人，混龄教育为幼儿情感的发展提供了动力和源泉。

案例提供者：沈文文

3—6 岁幼儿混龄活动观察表

观察者（班级姓名）：

观察内容		班　级	
		幼儿姓名	
社会交往	交往主动性	主动	目标幼儿主动发起的交往
		被动	由其他幼儿发起指向目标幼儿的交往
		……	
	交往方式	语言	目标幼儿在与同伴的交往过程中使用语言交往
		动作	目标幼儿在与同伴交往时使用适当动作与同伴进行交往
		表情	目标幼儿在交往时，会出现冲对方微笑或是长时间注视对方等情形
		……	
	交往性质	积极	无论交往的发起者是谁，在交往过程中含有表扬、赞许、肯定、鼓励、支持、合作等性质的交往
		中性	不带有明显的积极或消极的倾向性，交往过程中不含有明显的肯定或否定意味的交往
		消极	无论交往的发起者是谁，在交往过程中含有抵触、批评、否定、责备、惩罚等性质的交往
		……	
	交往主导性	支配性	在自由游戏中，总是以支配者、领导者的身份支配他人，能够指派角色或者指挥他人
		主导性	引导事物向某一方面发展
		中性	对其他小朋友表现出既不服从也不反对的样子
		顺从性	对他人的提议表示赞成或依顺，他人让干什么就干什么，基本不表示反对或发表反对意见
		不服从性	拒绝，反对，他人让干什么就不干什么
		……	

续表

社会交往	交往策略	商量	
		请教	
		邀请	
		借助工具	
		提供帮助	
		委婉拒绝	
		……	
成长体验	成长感	获得经验	
		一般	
		无获得	
		……	
语言	反思及表达	清楚反思	
		说不清楚	
		……	